Mosaik
bei GOLDMANN

Buch

Die passende Antwort auf blöde Sprüche oder verletzende Kommenta-
re von Vorgesetzten, Kollegen und Partnern fällt Frauen leider oft zu
spät ein. In diesem Buch weist Meike Müller den Weg zu einer wortge-
wandten Siegerinnen-Strategie und bestätigt, dass Schlagfertigkeit erlernbar ist, sowohl im Beruf und Privatleben als auch in der Öffentlichkeit. Sie präsentiert die erfolgreichsten Schlagfertigkeitstechniken,
zeigt verbal-aggressive Sprachmuster auf und informiert über die wichtigsten Regeln des richtigen Streitens. Die Leserin erfährt, wann Schlagfertigkeit angebracht ist und wie sich Sprache im Beziehungstalk und
als Karrierebeschleuniger auswirken kann. Das praktische Übungspro-
gramm stärkt das Selbstvertrauen und zeigt, wie Frauen sich im Leben
behaupten können.

Autorin

Meike Müller arbeitet als Kommunikationstrainerin und freie Journalistin. Sie ist Mitarbeiterin in einem Karriereberatungsbüro in Berlin.

Meike Müller

Schlagfertig!

Verbale Angriffe gekonnt
abwehren

Mosaik
bei GOLDMANN

Die Ratschläge in diesem Buch sind von der Autorin und dem Verlag sorgfältig erwogen und geprüft, dennoch kann eine Garantie nicht übernommen werden. Eine Haftung der Autorin bzw. des Verlages und seiner Beauftragten für Personen-, Sach- und Vermögensschäden ist ausgeschlossen.

Das Zitat auf Seite 118 ff. ist entnommen aus Michael Ende „Momo"
© 1973 by K. Thienemanns Verlag, Stuttgart-Wien

Vollständige Taschenbuchausgabe Februar 2003
Wilhelm Goldmann Verlag, München,
ein Unternehmen der Verlagsgruppe Random House GmbH
© 2000 Falken Verlag, ein Unternehmen der Verlagsgruppe
Random House GmbH, München
Umschlaggestaltung: Design Team München
Umschlagfoto: Getty Images/Tony Stone
Druck: GGP Media, Pößneck
Verlagsnummer: 16492
Kö · Herstellung: Max Widmaier
Printed in Germany
ISBN 3-442-16492-3
www.goldmann-verlag.de

3 5 7 9 10 8 6 4 2

Inhalt

Vorwort

Tatort: eine Berliner Bäckerei, morgens in aller Frühe. Der Laden ist fast voll. An den Tischen stehen Menschen, trinken Kaffee, essen Brötchen. Eine Frau betritt das Geschäft. Sie wartet, bis sie an der Reihe ist, und fragt die Bedienung hinterm Tresen höflich: *„Entschuldigen Sie, kann man hier auch frühstücken?"* Antwort: *„Wenn ick die Tür zuschließe und Wasser rinlasse, dann können Se hier och schwimmen."*

Für Neuberlinerinnen und -berliner ist die in der Hauptstadt übliche, sehr schroffe Art der Einheimischen gewöhnungsbedürftig, wie dieser Vorfall, über den die Berliner Tageszeitung „Der Tagesspiegel" berichtete, eindrucksvoll unter Beweis stellt. Die Kundin jedenfalls war so perplex, dass sie wortlos und mit knurrendem Magen das Geschäft verließ. Wahrscheinlich ärgert sie sich noch heute, dass ihr die geeignete Antwort nicht eingefallen ist oder dass es ihr nicht gelungen ist, über die spontane Erwiderung zumindest zu lachen.

Kennen Sie das auch? Irgendjemand macht Sie an, haut Ihnen einen blöden Spruch um die Ohren, kritisiert etwas – und Sie stehen da und wissen nichts zu erwidern. Erst viel später fällt Ihnen die passende Antwort ein, mit der Sie es Ihrem Gegenüber so richtig hätten geben können. Ärgerlich, oder? Ja, schlagfertig müsste man sein, immer die richtige Entgegnung parat haben. So wie der Fernseh-Talker Harald Schmidt, der nie um einen witzigen Spruch verlegen zu sein scheint.

Wer in Sachen Schlagfertigkeit etwas lernen möchte, sollte sich einige Zeit in Berlin aufhalten. Das schult ungemein. Die „Berliner Schnauze" ist schon sprichwörtlich. Apropos: Wissen Sie, warum bei den Berlinerinnen und Berlinern die Ohren weiter nach hinten versetzt werden sollten? Ganz einfach: Damit sie das Maul noch weiter aufreißen können. Nun werden Sie wahrscheinlich nicht, weil Sie besser mit Worten umgehen möchten, Ihren Wohnsitz in die Hauptstadt verlagern. Ist auch gar nicht nötig. Denn es gibt viele andere Methoden, die Ihnen sprachlich auf die Sprünge helfen können, wie Sie auf den folgenden Seiten sehen werden.

Manche Menschen sind richtige Naturtalente in Sachen Spontaneität. Ist die Kunst, so schlagfertig mit Worten umzugehen, also angeboren? Es gibt mit Sicherheit begabte und weniger begabte Menschen. Doch ich kann Sie beruhigen, wenn Ihnen Mutterwitz nicht in die Wiege gelegt wurde: Schlagfertigkeit ist erlernbar. Das bedeutet selbstverständlich nicht, dass man mit genügend Übung ab sofort und jederzeit die Schenkelklopfer-Antworten aus dem Ärmel schütteln kann. Schließlich haben selbst so gewitzte TV-Größen wie Harald Schmidt einen großen Pulk von Gagschreibern um sich versammelt, die nichts anderes tun, als sich passende Antworten, Witze und Anekdoten auszudenken. Was da scheinbar dem Augenblick entspringt, ist oft ganz genau einstudiert. Aber darum geht's auch nicht.

Schlagfertigkeit zu lernen heißt vielmehr, immer seltener völlig sprachlos zu sein, wenn man mal wieder angemacht wird. Vielleicht fallen Ihnen nicht jedes Mal die wahnsinnig witzigen, preisverdächtigen Antworten ein, aber es ist auch viel wichtiger, dass es Ihnen gelingt, überhaupt etwas zu sagen, um die eigene Souveränität wiederherzustellen.

Ob am Arbeitsplatz, in der Partnerschaft oder der Öffentlichkeit, frau ist vor dummer Anmache oder einfach nur blöden Sprüchen selten gefeit. In diesem Buch zeige ich, welche Schlagfertigkeitstechniken Ihnen ermöglichen, immer seltener wie „ein begossener Pudel" dazustehen. Sie finden viele Tipps, wie Sie sich gegen Verbalangriffe wehren können – auf die charmant-witzige, die raffiniert-taktische oder, wenn's sein muss, die knallhart-abgrenzende Art. Außerdem habe ich für Sie ein Trainingsprogramm zu jeder Schlagfertigkeitstechnik erstellt, sodass Sie Ihre neuen Kenntnisse gleich üben können.

Richtig wehrlos fühlen sich viele Frauen, wenn Sie von anonymen Anrufern bedroht werden. Bereits jede siebte Frau in Deutschland ist auf diese Weise schon einmal belästigt worden. Lesen Sie, wie Sie damit am besten umgehen.

Frauen fällt es oft schwer zu kontern. Zu sehr ist es ihnen anerzogen worden – und wird es immer noch –, dass man von ihnen Freundlichkeit, ja Bravheit erwartet. Doch um schlagfertig zu antworten, muss man sich auch mal etwas „herausnehmen" und frech sein. Sie kennen sicher den alten Spruch aus den 70er-Jahren, an dem viel dran ist: Brave Mädchen kommen in den Himmel, böse überall hin.

Trotz all der Vorzüge eines guten Konters meine ich jedoch nicht, dass Schlagfertigkeit immer und um jeden Preis das Mittel der Wahl ist. In diesem Ratgeber geht es auch darum, Ihnen zu zeigen, wann Schlagfertigkeit überhaupt angebracht ist. Nicht immer ist es ratsam, dem Gegenüber mit gleicher Münze heimzuzahlen. Es gilt, von Fall zu Fall einzuschätzen: Wie wichtig ist die Situation, wie sehr werde ich in meiner Würde angegriffen? Manchmal kann es besser und wirkungsvoller sein, zu schweigen oder etwas zu überhören, als Revanche mit spitzer Zunge zu üben.

Auch in der Beziehung ist es kaum mit einer flotten Bemerkung getan – mit der können Sie es Ihrem Partner zwar so richtig zeigen, doch das tut sehr wahrscheinlich weder Ihnen noch der Partnerschaft gut. Hier ist es wichtiger, die Grundregeln des fairen Streitens zu beherrschen. Deshalb wende ich mich dieser Thematik in einem Extrakapitel zu.

Frauen, die verbal stark sind, haben auch im Beruf die besseren Karten. Darum geht es im zweiten Teil dieses Buches. Ich setze mich mit den Strategien auseinander, die Frauen helfen, die Karriereleiter nach oben zu steigen. Hier macht sich ebenfalls der Mut zum Frechsein bezahlt. Nett und sozial kompetent zu sein ist ja schön und gut – aber nur bis zu einem gewissen Grad. Zu viel davon kann sich als ein echter Blocker erweisen. Frau muss lernen, ihre Stimme zu erheben. Das fängt damit an, dass sie klar und deutlich ihre Karriereziele definiert, und geht bis zu der Fähigkeit, von sich reden zu machen. Es reicht eben nicht aus, gut zu sein. Frauen müssen sich darum kümmern, dass es andere – vor allem die Vorgesetzten – auch merken. Zudem ist es wichtig, dass frau ihre Bescheidenheit ablegt, sich traut, Forderungen zu stellen, dass sie weiß, wann es an der Zeit ist, nein zu sagen, dass sie den richtigen Weg findet, um mit Unterstützerinnen und Unterstützern ins Gespräch zu kommen, und last but not least auch Neues wagt.

Bei Sprache und Sprechen denken viele nur an den rein verbalen Ausdruck. Doch Sie können mit Worten noch so gut und überzeugend sein, wenn die Körpersprache Ihre Aussage nicht „trägt", wird der positive Eindruck ganz schnell zunichte gemacht. Wollen Sie beruflich vorankommen, sollten Sie Ihrer Körpersprache besondere Aufmerksamkeit schenken. Haltung, Gestik und Mimik sprechen Bände darüber, was sich in Ihrem Innersten wirklich abspielt, und das heißt auch, wie es um Ihr Selbstwertgefühl bestellt ist.

Ein stabiles Selbstbewusstsein ist Grundlage für den Erfolg – sowohl was die Schlagfertigkeit angeht als auch den beruflichen Erfolg. Prima, wenn Sie bereits auf ein gesundes Selbstwertgefühl zurückgreifen können. Leider ist das bei vielen Frauen nicht der Fall. Ständig glauben sie, nicht gut genug zu sein, quälen sich mit perfektionistischen Ansprüchen, schreiben Männern von vornherein eine Überlegenheit zu, halten sich bescheiden im Hintergrund, begnügen sich mit der Helferinnenrolle und haben riesige Angst vor Fehlern. Um aber erfolgreich und selbstzufrieden durchs Leben zu gehen, ist es unabdingbar, das eigene Selbstbewusstein zu stärken. Auch hierzu finden Sie viele Tipps und Hinweise in diesem Buch.

Noch ein Wort in eigener Sache: Wenn im Folgenden die Rede von den Männern und den Frauen ist, bin ich mir selbstverständlich im Klaren darüber, dass es Ausnahmefälle gibt, auf die die Beschreibungen und Analysen nicht zutreffen. Trotzdem – so bestätigt eine Reihe von Untersuchungen – lässt sich verallgemeinernd von den Männern und Frauen sprechen, da die zu beschreibenden Phänomene charakteristisch für die Mehrheit der Männer und Frauen und deren (Gesprächs-)Verhalten sind.

Jetzt bleibt mir nur noch, Ihnen viel Spaß beim Lesen und Üben zu wünschen!

Die Bedeutung von Sprache

Wie Frauen mit Sprache umgehen – und die Sprache mit ihnen

„Die Sprache sagt, in welcher Welt wir leben und wer wir sind. Sie sagt, aus welcher Welt wir kommen und in welche Welt wir gehen. Sie macht uns zu Subjekten, zum Ich und zum Du. Ohne Sprache keine verlässliche Orientierung und ohne Sprache keine bewohnbare Welt. (...) Sprache hat die Welt bewohnbar gemacht, die Welt verwandelt in die Welt des Menschen."[1]

Sie fragen sich vielleicht, was dieses Zitat über Sprache mit Schlagfertigkeit zu tun hat. Oder kommt es Ihnen ein wenig zu theoretisch vor? Ich habe es gewählt, weil es die Bedeutung von Sprache für unser Leben eindrucksvoll unterstreicht: So wie ich rede, bin ich und so werde ich von anderen gesehen.

Sprache ist ein bedeutsames Instrument der Selbstdarstellung und wird interessanterweise von Männern und Frauen ganz unterschiedlich genutzt. Wenn es also darum geht, Frauen zu mehr Schlagfertigkeit zu verhelfen und Wege aufzuzeigen, wie sie durch ein verändertes Sprachverhalten ihre Karriere beschleunigen können, sollte man die Bedeutung von Sprache unbedingt bedenken.

Frauen werden sprachlich herabgesetzt

Mit der Sprache geben wir unsere Sicht der Welt wieder. Sprache ist als Handlung aufzufassen, mit der wir uns gewissermaßen die Welt „erarbeiten". Mit ihr wird Wirklichkeit geschaffen, eine Wirklichkeit, in der Frauen häufig gar nicht vorkommen, weil sie bestenfalls mit gemeint sind, wenn von den Ärzten, den Schülern, den Studenten, den Lehrern oder den Lesern die Rede ist. Frauen werden mittels der Sprache über die Beziehung zum Mann definiert. Sie ist die Frau von ...., also zum Beispiel „die Gattin des Bundeskanzlers".

Sprache und damit die, die sie benutzen, trägt also erheblich dazu bei, eine Wirklichkeit zu schaffen, in der Frauen herabgesetzt werden. Während das Übergangenwerden bzw. Mitgemeintsein eine indirekte Form der Herabsetzung ist, gibt es weitaus direktere Formen dies auszudrücken. Angefangen bei Sprüchen oder Witzen, bis hin zu Beschimpfungen, Beleidigungen und Belästigungen.

Viele Männer lieben es, Frauen mit Anzüglichkeiten zu bombardieren oder Äußerlichkeiten zu kommentieren. Nach einer Umfrage des Bundesministeriums für Jugend, Familie und Frauen mussten sich über die Hälfte aller Arbeitnehmerinnen schon einmal indiskrete Bemerkungen über ihre Figur oder ihr sexuelles Verhalten im Privatbereich anhören. Ein Beispiel: *„Die kann zwar nicht viel, aber sie hat einen Riesenvorbau und ein geiles Hinterteil!"*

72 Prozent der Frauen gaben an, schon einmal am Arbeitsplatz sexuell belästigt worden zu sein. Folgende Übergriffe nannten die befragten Frauen:

Anstarren, Hinterherpfeifen, taxierende Blicke	84 Prozent
Anzügliche Witze	81 Prozent
Scheinbar zufällige Berührungen, anzügliche Bemerkungen über Figur und sexuelles Verhalten im Privatleben	56 Prozent
Unerwünschte Einladungen mit eindeutiger Absicht	35 Prozent
Pokneifen oder einen Klaps geben	34 Prozent
Pornographische Bilder am Arbeitsplatz	33 Prozent
Unerwartetes Berühren der Brust	22 Prozent
Aufgedrängte Küsse	15 Prozent
Telefonate oder Briefe mit sexuellen Anspielungen	14 Prozent
Aufforderungen zu sexuellem Verkehr	12 Prozent
Versprechen beruflicher Vorteile bei sexuellem Entgegenkommen	7 Prozent
Androhung beruflicher Nachteile bei sexueller Verweigerung	5 Prozent
Zurschaustellen des Genitals	3 Prozent
Erzwingen sexueller Handlungen	3 Prozent

Klartext reden

Wenn Sie sich belästigt fühlen, dann reden Sie mit dem Mann Klartext – zunächst unter vier Augen. Sagen Sie ihm zum Beispiel: „Unser Verhältnis ist ein rein kollegiales. Und so bleibt es auch." Setzt er seine Belästigungen fort, dann stellen Sie ihn zur Rede. Fragen Sie, was er damit bezweckt, ob er das braucht, um glücklich zu sein. Sagen Sie ihm, dass Sie sein Verhalten verabscheuen, und legen Sie ihm nahe, damit aufzuhören. In vielen Fällen reicht das schon, um den Belästiger ruhig zu stellen, denn eine solche Offenheit wird nicht erwartet.

Sollte er trotzdem weitermachen, dann fahren Sie härtere Geschütze auf. Versuchen Sie, ihn bloßzustellen. Zum Beispiel beim Chef: *„Mensch, Herr Walter, wiederholen Sie doch mal diesen Witz, den Sie mir gestern Nachmittag erzählt haben. Mal gucken, ob unser Chef über Ihre Schweinereien auch lachen kann."* Oder ein anderes Beispiel: Wenn der Nachbar Sie mit Anzüglichkeiten belästigt, dann sprechen Sie ihn in Gegenwart seiner Frau oder Familie darauf an, zum Beispiel so: *„Herr Maier, ich hoffe, Sie machen Ihrer Frau auch immer so zweideutige Komplimente wie mir heute Morgen. Wie war das doch gleich, was Sie über meinen Busen gesagt haben ...?"* Das sitzt. Alle Blicke richten sich auf den Belästiger, und man erwartet, dass er sich dazu äußert. Ihm wird das Ganze wahrscheinlich ziemlich peinlich sein, und er wird künftig den Mund halten.

Doch sollten Sie bei der Arbeit ernsthaft belästigt werden – vielleicht sogar körperlich –, ist es mit Sprüchen nicht getan. Wenden Sie sich an Vorgesetzte oder an Kolleginnen, denen Sie vertrauen, den Betriebsrat oder auch eine Mobbing-Beratungsstelle. Treffen Sie dabei nur auf männliche Berater, die Ihnen eher das Gefühl geben, dass Sie übertreiben, oder die Sie offensichtlich nicht ernst nehmen, dann bieten sich Frauenbeauftragte von Gewerkschaften oder Gleichstellungsstellen an. Trotz aller Umfragen und einer breiten Diskussion über das Thema sexuelle Belästigung in den Medien ist es häufig noch immer so, „dass einem beschuldigten Mann mehr geglaubt wird als einer belästigten Frau, sofern es keine Zeugen gibt. Bevor man ihm ein Haar krümmt, wird seine Tat in der Regel erst einmal als ‚bedauerliche Entgleisung' kräftig heruntergespielt und der Frau vorgehalten, sie habe ihn (vielleicht wieder einmal durch einen zu kurzen Rock oder eine zu weit ausgeschnittene Bluse?!!!) dazu geradezu aufgefordert. Meistens passiert dem Herrn Anmacher nichts weiter, weil eine Kündigung natürlich ‚eine unzumutbare Belastung für ihn und seine Familie wäre'.“[3]

Belästigte Frauen können sich unter anderem an folgende Adresse wenden:
* Deutscher Gewerkschaftsbund
  Abteilung Frauenpolitik
  Henriette-Herz-Platz 2
  10178 Berlin
  Tel.: 0 30 / 2 40 60 - 2 46

Handelt es sich speziell um Mobbing, hilft man Ihnen hier weiter:
* Deutscher Gewerkschaftsbund
  Angestelltensekretariat
  Hans-Böckler-Straße 39
  40476 Düsseldorf
  Tel.: 02 11 / 43 01 - 3 47

Auch die Dienstleistungsgewerkschaft ver.di (www.verdi.de) bietet Hilfe

bei sexueller Belästigung:
* ver.di – Vereinte Dienstleistungsgewerkschaft e. V.
  Ressort 2 – Bereich Frauen - und Gleichstellungspolitik
  Potsdamer Platz 10
  10785 Berlin
  Tel.: 0 30 / 69 56 - 11 51

bei Mobbing:
* ver.di – Vereinte Dienstleistungsgewerkschaft e. V.
  Ressort 12 – Bereich Arbeits- und Gesundheitsschutz
  Potsdamer Platz 10
  10785 Berlin
  Tel.: 0 30 / 69 56 - 21 47

Subtile Herabsetzungen

Nicht immer sind Anmachsprüche gleich als Abwertung zu entlarven. Es gibt auch subtile Formen der Herabsetzung. Sind Sie nicht auch schon mal von einem Kollegen „Herzchen" oder „Süße" genannt worden oder haben gehört, dass andere Frauen so betitelt wurden? Ist doch nett, oder? Auf den ersten Blick schon. Aber hinter diesen Verniedlichungen steckt oft etwas anderes als eine reine Sympathiebekundung. Sie sind eine Form der Herabsetzung, denn sie zeigen: Frau wird nicht ernst genommen.

Neben den Verniedlichungen ist eine andere Art des Nichternstnehmens sehr verbreitet: Die Frau wird auf einen fraglichen Sockel gestellt. Das kommt dann in so denkwürdigen Sätzen zum Ausdruck wie: *„Eine so attraktive Frau wie Sie sollte doch nicht so hart arbeiten."* Kommt Ihnen das bekannt vor?

Das sind subtile Formen der Herabsetzung, weil sie versteckte diskriminierende Bemerkungen enthalten, die sich hinter einer freundlichen Fassade verbergen und gegen die sich frau daher schwer wehren kann, ohne gleich als humorlose Zicke oder als verklemmt zu gelten. Was also tun? Am besten ganz locker bleiben, bloß nicht aufregen und möglichst freundlich darauf verweisen, dass man durchaus schon erwachsen ist. Das ist nicht leicht. Eine Frau muss auf Dinge, die sie wütend machen, auch noch überlegt und freundlich reagieren. Vielleicht kennen Sie die „väterliche Tour", die insbesondere ältere Kollegen oder Vorgesetzte „draufhaben", die ständig meinen, Ihnen als hilfloser Frau unter die Arme greifen oder Aufgaben abnehmen zu müssen, obwohl Sie gar nicht darum gebeten haben. Ist doch wunderbar, wenn einer sich derart bemüht, Ihnen zu helfen ... So scheint es zumindest für Außenstehende, und die können nicht wissen, dass Sie auf diese Art der Hilfe gerne verzichten würden. Wie soll frau sich da Respekt verschaffen?

Zudem stellt sich für Frauen die Frage: Soll ich auf jeden Verbalangriff reagieren, immer das Thema ansprechen, oder doch hin und wieder einfach weghören? Oft – so meine eigene Erfahrung – ist es besser, den einen oder anderen direkten oder indirekten Angriff oder die beiläufige Bemerkung einfach zu überhören. Sie sparen dabei erstens jede Menge

Energie, und zweitens ist es vergebliche Liebesmüh, jedem beliebigen Sprücheklopfer zu erklären, was Sie stört und was diskriminierend ist.

In anderen Fällen wiederum ist es besser, ja sogar zwingend erforderlich, eine Bemerkung zu parieren. Schlagfertigkeit ist gefragt, um sich Respekt zu verschaffen, um Ruhe vor dem Belästiger zu haben oder um zu zeigen, dass Sie nicht alles mit sich machen lassen. Ob freundlich, ironisch oder deutlich und die Grenzen aufzeigend, hängt von verschiedenen Faktoren ab, wie ich noch erläutern werde (siehe Seite 28 ff.).

Das Frauenbild der Männer

Warum machen Männer so etwas überhaupt? Warum lassen Sie sich zu Verbalattacken hinreißen? Entscheidend sind die Sozialisationsbedingungen und die Rollenbilder, die – nicht nur den Männern – vorgelebt werden, also die Vorgaben, wie eine „richtige Frau" und ein „richtiger Mann" zu sein haben. Dass das traditionelle Rollenbild vieler Männer einen großen Einfluss auf ihre Art hat, mit Frauen umzugehen, bestätigt auch Ingrid Dzalakowski. Die Unternehmensberaterin hat herrschende Rollenklischees und ihren Einfluss auf die Zusammenarbeit von Frauen und Männern in Unternehmen untersucht und hat dabei Folgendes festgestellt: „Es ist an der Tagesordnung, dass Männer, die Schwierigkeiten haben, mit qualifizierten Frauen auf einer Stufe zusammenzuarbeiten, immer wieder versuchen, Hierarchien herzustellen, wo eigentlich keine sind. Sie projizieren ihr traditionelles Frauenbild und die damit verknüpften Erwartungen auf die jeweilige Kollegin bzw. auf Kolleginnen, weil sie andere Maßstäbe, die den Arbeitsanforderungen angemessen wären, eben nicht kennen." [4]

Laut Dzalakowski erleben Frauen immer wieder, dass ihre männlichen Kollegen oder Vorgesetzten ihnen von vornherein mit Unsicherheit oder sogar Aggressivität begegnen, weil sie nicht in das traditionelle Frauenbild passen: „Ein gleichgestelltes Verhältnis zu Frauen erleben viele Männer als bedrohliche Abwertung der eigenen Person. Die Kollegin wird gleichsam zur Konkurrenz in doppelter Hinsicht; erst einmal durch ihre Ausbildung und Position und zum anderen dadurch, weil sie eine Frau ist." [5]

Dies erklärt zumindest die Probleme zwischen Männern und Frauen in beruflicher Hinsicht. Weshalb es im Privatleben zu Störungen kommt, erfahren Sie im Kapitel Beziehungstalk (siehe Seite 88–111).

Frauensprache – Männersprache

Frauen und Männer sprechen nicht nur eine unterschiedliche Sprache, ihre Sprache wird auch an unterschiedlichen Kriterien gemessen. Die Linguistin Senta Trömel-Plötz verweist darauf, dass geschlechtstypisches Verhalten in Gesprächen erwartet werde. Aggressivität beispielsweise wird bei Männern positiv bewertet, bei Frauen negativ. Werde eine Frau laut und drücke sie ihre Wut direkt aus, dann gelte sie schnell als zu emotional, zickig oder gar unattraktiv und unweiblich, und das fürchteten Frauen sehr. [6]

Frauen befinden sich in einem echten Dilemma, besonders im Berufsleben, wo es darauf ankommt, Kompetenz, Durchsetzungsfähigkeit und Eigenverantwortung zu unterstreichen und sprachlich entsprechend stark aufzutreten. Doch genau das wird ihnen dann negativ angelastet.

Als ich im Freundeskreis vorab über dieses Buch sprach, berichteten mir zwei Frauen, dass sie diese Problematik aus ihrem Arbeitsleben nur allzu gut kennen. Beide haben ein selbstbewusstes Auftreten und wissen, was sie zu bieten haben. Immer wieder jedoch zeigt man(n) Ihnen mehr oder weniger deutlich, dass ihre Art auffällt, wenn nicht sogar abgelehnt wird. Die eine muss sich Sprüche anhören wie: *„Du hast ja Haare auf den Zähnen"* und die andere, die in einer typischen Männerdomäne – einer Sportredaktion – arbeitet und Expertin in Sachen Fußball ist, berichtet, dass ein Kollege ihr erst kürzlich zur Antwort gab: *„Wir wissen ja, du bist der einzige Kerl hier unter uns."*

Auch die Linguistin Deborah Tannen weist auf den Widerspruch hin, mit dem erfolgreiche Frauen täglich zu kämpfen haben: „Die mit Männlichkeit assoziierten Sprechweisen werden auch mit Führungsqualitäten und Autorität assoziiert. Die als typisch weiblich geltenden Sprechweisen dagegen nicht. Was immer ein Mann tut, um seine Autorität zu steigern, steigert auch seine Männlichkeit. Aber wenn eine Frau ihren Gesprächsstil der einflussreichen Stellung, die sie erreicht hat oder erreichen möchte, anpasst, riskiert sie, dass ihre Weiblichkeit infrage gestellt wird."[7]

Frauen haben das verinnerlicht. Viele gestatten sich nicht, einem Mann gegenüber dominant aufzutreten, aus Angst, Ihre Weiblichkeit zu verlieren. Senta Trömel-Plötz untersuchte in den 70er- und 80er-Jahren Diskussionsveranstaltungen und kam zu folgenden Ergebnissen, die übrigens auch in neueren Untersuchungen immer wieder bestätigt werden:

- Männer ergreifen häufiger das Wort und reden länger als Frauen.
- Männer unterbrechen Frauen systematisch – Frauen unterbrechen Männer kaum.
- Frauen müssen um ihr Rederecht kämpfen und sich sehr bemühen, es zu behalten. Immer wieder müssen sie Unterbrechungsversuche abwehren.

Männer bestimmen das Gesprächsthema und Frauen leisten die Gesprächsarbeit. Es wird festgestellt, dass Frauen zwar mehr Themen als Männer einführen, aber weniger ihrer Themen zu Ende bringen können, weil die Männer kaum reagieren. Aufgrund fehlender Unterstützung lassen die Frauen ihre Themen fallen. Bringt hingegen ein Mann ein Thema ein, erfährt er Unterstützung vonseiten der Frauen.[8]

Wie Frauen sprechen

Natürlich können wir jetzt auf die Männer schimpfen – oft sicher zu Recht. Aber wir Frauen müssen uns auch an die eigene Nase fassen und unser eigenes (Sprach-)Verhalten kritisch betrachten. Kein Wunder, dass unseren Aussagen häufig nicht so viel Zutrauen geschenkt wird, glauben wir doch oft selbst nicht an das, was wir sagen, oder stellen es zumindest infrage. Hauptsache, wir bringen niemanden gegen uns auf, scheint die Devise von uns Frauen zu sein, wenn wir kommunizieren. Frauen mildern ihre Aussagen ab und sprechen sehr vorsichtig, um sich immer die Möglichkeit offen zu lassen, das Gesagte wieder zurücknehmen bzw. einschränken zu können. Kann ja sein, dass unser Gegenüber ganz anderer Meinung ist – und wir wollen doch keinen Streit. Typisch hier ist der Gebrauch des Wortes *„eigentlich"*: *„Eigentlich wollte ich ja noch weiter lesen, aber..."*, *„Eigentlich müsste ich das erledigen ..."* Dieses Wort signalisiert dem Gegenüber: Ich habe das oder jenes geplant, bin aber bereit, meine Pläne umzustoßen. Klar, dass Ihr Gesprächspartner leicht seine Interessen durchsetzen kann.

Typisch für einen weiblichen Sprechstil ist es auch, dass Frauen durch die Blume sprechen. Anstatt klipp und klar zu sagen, was sie wünschen oder erwarten, hoffen sie, dass ihr Gegenüber aus ihren dezenten Hinweisen errät, was sie wirklich wollen. Doch nur angedeutete Wünsche und Erwartungen bergen die Gefahr in sich, dass Ihr Gesprächspartner nicht erkennt, was Sie wollen, und genau anders handelt oder Sie gar nicht ernst nimmt. Das bestätigen auch die Untersuchungen von Robin Lakoff, Professorin für Linguistik in Berkeley. Sie fand heraus, dass Frauen:

- Aussagen häufig fragend sprechen.
- sich oft schwammig ausdrücken, obwohl Klarheit die Aussage stützen würde. Sehr häufig benutzen sie Wörter wie *„ziemlich"*, *„Ich glaube"*, *„Ich habe das vergessen"*, *„wahrscheinlich"*, *„könnte"*, *„würde"*, *„irgendwie"*.
- indirekte Sprachmuster anwenden. Frauen sprechen Meinungen oft nicht direkt aus, um eine Konfrontation zu vermeiden. Indirekt ausgedrückte Wünsche und Bitten können leichter zurückgenommen werden (siehe Seite 109).
- an ihre Sätze gern Frage-Formulierungen anhängen wie *„...nicht wahr"*, *„...verstehst du mich"*, *„...wissen Sie, was ich meine"*, *„...oder?"*, *„...sehen Sie das nicht auch so?"* Damit schränken sie die Gültigkeit ihrer Behauptungen wieder ein.[9]

Hinzu kommt, dass Frauen sich oft schon am Satzanfang entschuldigen oder das einschränken, was danach folgt: *„Ich weiß nicht genau, ob ..."*, *„Ich bin mir nicht sicher ..."*, *„Vielleicht ist es ja so, dass ..."* Damit erwecken sie den Eindruck, nicht besonders kompetent zu sein.

Zahlreiche Untersuchungen belegen, dass Frauen sich nicht nur mit dem, was sie sagen und wie sie es tun, zurücknehmen, Sie beanspruchen zudem weniger Zeit als Männer. Auch das ist wieder ein Zeichen dafür, wie wenig wichtig sie sich nehmen. Interessant ist, dass die Dauer von

Gesprächsbeiträgen davon anhängt, ob Männer in der Gruppe sind oder nicht. In gemischtgeschlechtlichen Gesprächen halten sich Frauen auffallend zurück. Die weibliche Redezeit verlängert sich aber, sobald kein Mann mehr in der Gruppe ist.[10]

Alte Gewohnheiten ablegen

Was tun? Die Männer in allem nachahmen, zum Beispiel anderen dauernd ins Wort fallen, und den für Frauen typischen kooperativen Gesprächsstil völlig aufgeben?

Das kann sicher nicht die Lösung sein. Nichtsdestotrotz sollten Frauen versuchen, sich sprachlich selbstbewusster zu präsentieren. Gerade in der Arbeitswelt werden sie mit einem zögerlichen, indirekten Sprechstil kaum etwas erreichen.

Wir wissen, der Mensch ist ein Gewohnheitstier. Und mit Sicherheit ist es nicht einfach, sich von „lieb gewonnenen" Gewohnheiten zu verabschieden. Ein großer Schritt ist aber schon getan, wenn Sie sich dieser Mechanismen bewusst werden – und zum Beispiel vor einem Vortrag oder einer Präsentation Ihren Text auf diese Unsicherheitsfloskeln hin untersuchen.

Hoffen Sie nicht darauf, dass Männer irgendwann von sich aus ein anderes Gesprächsverhalten an den Tag legen. Werden Sie besser selbst aktiv, und verhalten Sie sich als gleichwertige Gesprächspartnerin, indem Sie:

- sich nicht unterbrechen lassen: *„Ich bin noch nicht fertig"*, *„Ich möchte noch ein paar Sätze dazu sagen"* oder *„Unterbrechen Sie mich nicht."*
- auf Unterbrechungen aufmerksam machen: *„Lassen Sie mich bitte diesen Gedanken zu Ende führen. Sie unterbrechen mich schon zum fünften Mal."*
- anderen Frauen helfen, wenn Sie merken, dass sie ihren Gedanken nicht zu Ende führen können.
- möglichst auf angehängte Frageformen verzichten.
- dranbleiben. Verfolgen Sie, was mit Ihrem Thema passiert. Wird es wirklich weiter diskutiert, sind die Fragen geklärt, die Sie interessieren? Wenn nicht, intervenieren Sie: *„Wir sind vom Thema abgekom-*

men. Ich hatte eine Aufgabenteilung vorgeschlagen. Diesen Punkt haben wir noch nicht geklärt"*, oder: *„Sie haben meine Frage noch nicht beantwortet."*

- Gesprächspartner auf Reaktionen ansprechen: *„Du siehst so aus, als würdest du dich langweilen".*
- Verkleinerungs- und Verniedlichungsformen wie *„Stündchen"*, *„Leutchen"*, *„Tässchen"*, *„Blättchen"* und dergleichen vermeiden.
- Mut zum Frechsein entwickeln und mit schlagfertigen Antworten kontern (siehe Seite 48–78).

Selbstsicheres Auftreten in der Öffentlichkeit

Bettina: „Du, mein Cocktail schmeckt aber komisch. Deiner auch?"
Meike: „Ja."
Bettina: „Der sieht auch ganz anders aus, als ich das eigentlich kenne."
Meike: „Pina Colada schmeckt eigentlich auch ganz anders."
Bettina: „Der Barmann hat aber auch wirklich merkwürdig reagiert auf unsere Bestellung und dann erst mal in einem Heft geblättert. Hast du das auch gesehen? Wahrscheinlich ist das sein erster Cocktail."
Meike: „Ja, so schmeckt er auch. Und dafür 10 Euro."
Bettina: „Na ja, wir müssen ihn ja nicht austrinken."
Meike: „Wie bitte? Wir geben den zurück und lassen uns einen neuen mixen."
Bettina: „Ach lass doch. Der kennt sich damit vielleicht noch nicht so aus."
Meike: „Das kann ja sein, aber dann muss er sagen, dass er noch nicht mixen kann. Ich will einen neuen."
Bettina: „Ach bitte, lass das doch. Komm, wir gehen. Ich möchte keinen Ärger."
Meike: „Wieso denn nicht?"
Bettina: „Wir müssen uns den Abend doch nicht verderben."

Ich erinnere mich noch genau an diesen Abend, als ich mit einer Freundin unterwegs war, um eine neue Bar zu testen. Wir hatten uns beide schon auf einen köstlichen Drink gefreut. Und dann das. Wir sind dann irgendwann gegangen – ohne uns zu beschweren. Ich habe mich überreden lassen, nichts zu sagen, worüber ich mich jetzt noch ärgere. Meiner Freundin war es unangenehm, Ärger zu verursachen und auf unserem Recht zu beharren. Lieber wollte sie ihre Ruhe und keinen Stress mit dem Barmann.

Kennen Sie solche Situationen? Ist es Ihnen peinlich, ein Kleidungsstück umzutauschen? Verzichten Sie darauf, dem Ober zu sagen, dass Ihr Essen nicht schmeckt? Trauen Sie sich nicht, schlechte Arbeit von Handwerkern zu reklamieren?

Dann kann ich Ihnen versichern, Sie sind nicht allein. Vielen Frauen geht es so. Sie wollen anderen keine Umstände machen oder haben schlicht Angst, dass man sie nicht mehr mag, nicht mehr sympathisch findet oder gar sauer auf sie ist, wenn sie sich beschweren. Mit diesem Gefühl können Frauen nur ganz schwer leben.

Ihr Recht auf Gegenleistung

Doch Sie sollten bedenken: Servicepersonal, Angestellte und Verkäufer sind nicht dazu da, Sie zu mögen. Deren Aufgabe ist es, eine gute Dienstleistung zu bieten oder eine ordentliche Arbeit abzuliefern. Sie haben ein Recht auf eine anständige Gegenleistung für Ihr Geld. Oder haben Sie so viel davon, dass Sie es einfach zum Fenster hinauswerfen können? Übrigens: Kundinnen, die auf ihrem Recht beharren, machen oft erstaunliche Erfahrungen, nämlich dass ihr Gegenüber ihnen Respekt zollt, anstatt verärgert zu sein. Vielen Menschen imponiert es, wenn andere sich durchsetzen – weil sie sich oft selbst nicht trauen.

Frauen müssen lernen, Ihre (Rede-)Rechte wahrzunehmen. Im Privat- und Berufsleben ebenso wie in der Öffentlichkeit, sei es beim Einkaufen oder beim Reklamieren eines Produkts oder einer Dienstleistung. Folgende Punkte sind dabei entscheidend:

● Wenn Sie etwas umtauschen oder reklamieren wollen, sagen sie kurz und sachlich, warum. Seien Sie freundlich, nicht untertänig. Unternehmen Sie einen Umtauschversuch auch dann, wenn die Garantiezeit schon abgelaufen ist oder Sie keinen Bon mehr haben. Probieren Sie es. Sie haben nichts zu verlieren. Viele Unternehmen zeigen sich kulant, weil sie einen Ruf zu verlieren (bzw. zu gewinnen) haben.

- Lassen Sie sich nicht auf Ablenkungsmanöver ein wie: *„Der Kollege, der Ihnen das verkauft hat, ist nicht da. Kommen Sie doch nächste Woche wieder"*, *„Der Mechaniker, der Ihr Auto repariert hat, ist gerade krank. Ich kann dazu nichts sagen"* oder *„Mein Kollege hat zu tun. Rufen Sie doch morgen oder so noch einmal an."* Verlangen Sie im Zweifelsfall den Chef bzw. die Chefin.

- Wehren Sie Einschüchterungsversuche ab: *„Also, das ist ein ganz wunderbares Gerät. Da gab es noch gar keine Beschwerden. Haben Sie sich denn die Gebrauchsanweisung durchgelesen? Vielleicht haben Sie etwas falsch gemacht, dass es jetzt nicht mehr funktioniert."* Das soll Ihnen signalisieren: Sie stehen ganz allein da. Die Schuld liegt bei Ihnen. Niemand sonst hat Probleme dieser Art. Bestehen Sie auf Ihrem Recht und wiederholen Sie, wenn's sein muss, Ihre Forderung: *„Ich möchte ein neues Gerät oder aber mein Geld zurück."* Wollen wir doch mal sehen, wer den längeren Atem hat, oder?

- Dulden Sie keine Ausreden, nach dem Motto: *„Bei uns ist es nicht üblich, Geld zurückzuzahlen. Sie können einen Gutschein bekommen."* Lassen Sie sich nicht einschüchtern, und beharren Sie weiter auf Ihrem Recht. Spielen Sie Platte mit Sprung, und wiederholen Sie immer wieder, was Sie wollen.

- Schließlich bleibt auch immer noch der offizielle Weg. Kündigen Sie an, dass Sie sich schriftlich beschweren, falls Sie niemanden *„zu fassen"* bekommen, und wenden Sie sich notfalls auch an Verbraucherverbände.

In der folgenden Checkliste sind die wichtigsten Richtlinien zusammengefasst, die helfen, sprachlich selbstsicher zu agieren:

CHECKLISTE

- **Machen Sie auf Unterbrechungen aufmerksam.**
- **Verzichten Sie möglichst auf Frageformen.**
- **Bleiben Sie an Ihrem Thema dran.**
- **Wenn Sie etwas umtauschen oder reklamieren wollen, sagen sie kurz und sachlich, warum.**
- **Verzichten Sie auf übertriebene Freundlichkeit.**
- **Lassen Sie sich beim Umtausch oder Reklamationen nicht einschüchtern oder vertrösten.**
- **Beharren Sie auf Ihrem Recht.**
- **Beweisen Sie, dass Sie einen langen Atem haben.**

Zugegeben, es ist manchmal gar nicht so leicht, sein Recht durchzusetzen. Aber Sie werden sehen, wenn Sie es öfter probieren und das eine oder andere Erfolgserlebnis haben, dann verlieren Sie die Scheu davor. Sich durchzusetzen kann man lernen – ebenso wie die Fähigkeit, schlagfertiger durchs Leben zu gehen. Lesen Sie jetzt, was Schlagfertigkeit ist und wie Sie mit Verbalattacken besser umgehen können.

Der Weg zur Schlagfertigkeit

Was ist eigentlich Schlagfertigkeit?

„Was habe ich mich geärgert", erzählte mir Christine, 29, im Beratungsgespräch. „Da wirft einem dieser Kollege einen blöden Satz vor die Füße und was tue ich? Nichts! Obwohl ich doch weiß, dass er mich schon lange auf dem Kieker hat, weil ich die Verantwortung für ein wichtiges Projekt bekommen habe, auf das auch er scharf war. Es ist also die reine Eifersucht von ihm. All das weiß ich, und trotzdem war ich völlig perplex, als er mich von der Seite anmachte mit dem Satz: ‚Na – bei dir läuft's wohl mal wieder nicht besonders.'"

Es ist wirklich zu dumm, wenn es einem nicht gelingt, den anderen kurz und knapp mit einer zielsicheren Antwort in die Schranken zu weisen. Dieses Problem kennen viele Menschen: Es fällt ihnen partout nichts ein, wenn sie angegriffen werden.

Schnelligkeit

Meist erst Minuten oder Stunden nach der Verbalattacke – vielleicht sogar erst am nächsten Tag – weiß man plötzlich, was die passende Erwiderung gewesen wäre. Nur, da ist es leider viel zu spät. Ein wesentliches Kriterium für Schlagfertigkeit besteht in der schnellen Reaktion auf einen Spruch, einen Vorwurf oder eine Anmache.

Überraschungseffekt

Gemeine Sprüche machen uns sprachlos, weil wir einfach nicht mit ihnen rechnen. Man ist perplex, weil sie uns oft völlig überraschend treffen. Jetzt heißt es, den „Schockzustand" zu überwinden und den Spruch, die Beleidigung oder was auch immer uns an den Kopf geworfen wird zu kontern. Bei Schlagfertigkeit kommt es also nicht nur auf Schnelligkeit an, sondern es geht auch darum, den Überraschungsmoment zu überwinden. Die größte Wirkung hat die Antwort, wenn sie Ihren Gegner ebenfalls ordentlich verblüfft. Schlagfertig sein ohne Überraschungseffekt ist nicht möglich. Auch das ist ein typisches Merkmal für Schlagfertigkeit.

Frechheit

Charakteristisch ist zum Dritten eine Portion Frechheit. Ob Ihre schlagfertige Antwort witzig, charmant oder sehr hart und direkt ist, bleibt Ihnen überlassen und hängt mit Sicherheit von der Schärfe des Angriffs und davon ab, was Sie erreichen wollen ab. Aber welche Form einer schlagfertigen Antwort Sie auch wählen, Sie müssen sich trauen, frech zu sein. Sonst fällt Ihre Erwiderung zu zaghaft aus und wird die gewünschte Wirkung verfehlen.

Setzen Sie sich aber nicht unter Leistungsdruck, indem Sie von sich selber nur noch geniale Sprüche erwarten. Das kann blockieren, sodass Ihnen am Ende gar nichts mehr einfällt. Nehmen Sie sich vor, auf jeden Fall zu antworten – wenn die Antwort dann auch noch humorvoll und spritzig ausfällt, umso besser.

Zusammengefasst lässt sich Schlagfertigkeit also beschreiben als die prompte sprachliche mit einer guten Prise Frechheit gewürzte Reaktion auf einen unerwarteten verbalen Angriff.

Frauen und Schlagfertigkeit

Frauen tun sich mit schlagfertigen Antworten schwerer als Männer. Warum? Vielleicht, weil viele ihr Verhalten danach ausrichten, ob es die Billigung oder Missbilligung anderer findet. Das oft übertriebene Bedürfnis, gemocht, akzeptiert und geliebt zu werden, dient dazu, das Selbstwertgefühl zu heben. Entsprechend wertlos fühlen sie sich, wenn ihre Mitmenschen nicht lieb und nett zu ihnen sind. Ein böser Spruch oder eine dumme Bemerkung treffen Frauen daher viel härter als Männer und erschüttern sie viel grundlegender, sodass es ihnen noch schwerer fällt, sich aus dieser Ohnmachtssituation zu befreien. Frauen haben manchmal regelrecht Angst davor, noch einen „draufzusetzen", weil Sie befürchten, damit das Missfallen ihres Gegenübers auf sich zu ziehen.

Sich Respekt verschaffen

Doch Frauen müssen sich klarmachen, dass Sie mit Schlagfertigkeit an Respekt gewinnen und auch mehr Achtung vor sich selbst bekommen. Also: Machen Sie Ihren lieben Mitmenschen klar, wenn sie zu weit gegangen sind. Das ist unbedingt nötig, damit sie künftig Ihre persönlichen Grenzen achten werden.

Schlagfertigkeit hilft Ihnen, sich zur Wehr zu setzen, wenn jemand:
- Sie auf die Probe stellen will.
- meint, seine Wut bei Ihnen abladen zu können.
- Sie einschüchtern möchte.
- Ihnen gegenüber taktlos ist.
- Sie beleidigt oder provoziert.
- Sie herabsetzt oder vor anderen bloßstellt.
- Ihnen die Zeit stiehlt.
- sich als Wichtigtuer auf Ihre Kosten produziert.
- Ihnen etwas unterstellt.
- Sie in eine peinliche Situation bringt.

Setzen Sie also alles daran, schlagfertiger zu werden! Dass das durchaus möglich ist, werden Sie auf den folgenden Seiten sehen.

Schlagfertigkeit ist erlernbar

Spontan, überraschend, verblüffend und möglichst noch richtig witzig – so sollte die perfekte schlagfertige Antwort aussehen. Wenn Sie das lesen, denken Sie vielleicht: Das kann ich nicht, dafür bin ich nicht der Typ. Aber keine Angst, Schlagfertigkeit ist tatsächlich erlernbar.

Bravheit abschütteln

Wesentliche Voraussetzung dafür ist, dass Sie Ihre Bravheit ablegen. Gerade das fällt Frauen besonders schwer. Aber denken Sie daran: Sie werden nicht mehr geachtet werden, wenn Sie es allen immer nur recht machen wollen. Sie erreichen genau das Gegenteil, wenn Sie ein Mensch sind, der es nicht versteht, sich abzugrenzen, dem Gegenüber deutlich zu machen, dass er oder sie zu weit gegangen ist und dass Ihre Würde verletzt wurde. Dann sind Sie in den Augen der anderen leicht jemand, mit dem bzw. der man „es" ja machen kann.

Angriffe der Gegenseite bedeuten immer so etwas wie eine Grenzverletzung, jemand betritt Ihr Territorium. Das gilt es zu verteidigen. Es geht vor allem darum, dass Sie Ihre angegriffene Souveränität wiederherstellen.

Die passende Antwort zur richtigen Zeit – das können Sie lernen. Die Frage ist nur wie? Im Folgenden sehen Sie, wie Sie es am besten anstellen.

So werden Sie schlagfertig

Drei Schritte sind erforderlich, um zu verhindern, dass Ihnen künftig verbale Angriffe die Sprache verschlagen:
1. Schritt: Befreien Sie sich aus der Nettigkeitsfalle
2. Schritt: Stärken Sie Ihr Selbstbewusstsein
3. Schritt: Lernen Sie die wichtigsten Schlagfertigkeitstechniken

1. Schritt: Befreien Sie sich aus der Nettigkeitsfalle

Frauen gehen Konkurrenz gern aus dem Weg; sie tun lieber „nur ihre Arbeit". Es fällt ihnen schwer zu kämpfen. Schließlich wurde ihnen immer eingebläut, dass sie nett, sanft, ruhig und freundlich sein müssen. Aggressiv zu sein verbieten sie sich selbst. Eine streitende, kämpfende Frau, so hat man ihnen beigebracht, ist hässlich, unattraktiv und nicht weiblich. Was gibt es Schlimmeres für eine Frau? Hier liegt auch der Grund für die Scheu vor Konflikten und das Bedürfnis nach Harmonie, das viele Frauen haben.

Die Folge: Frauen halten den Mund, bestehen nicht auf ihrem Recht, sprechen Dinge, die Sie stören, nicht an, arbeiten für andere mit, verkaufen sich unter Wert, lächeln lieb, obwohl es keinen Grund zur Freundlichkeit gibt und verzichten auf eine schlagfertige Antwort – nur um gemocht zu werden. Und damit tappen sie blind in die Nettigkeitsfalle.

Immer nur lächeln?

Bei manchen Frauen ist die ewige Lächelei, obwohl sie allen Grund zu böser Miene hätten, fast schon so etwas wie ein Automatismus. Was sie auch sagen, immer tun sie es mit einem Lächeln. Erst recht, wenn sie etwas geäußert haben, von dem sie annehmen, dass der andere das nicht so gern hören wird. Lächeln ist in diesem Falle so etwas wie eine Unterwerfungsgeste. Nach dem Motto: „Ich sage dir jetzt etwas nicht so Angenehmes, aber bitte, bitte, sei mir deshalb nicht böse. Ich will dir ja nicht wehtun. Du musst vor mir keine Angst haben. Bitte, hab mich trotzdem gern und sei lieb zu mir."

Die Psychologin Ute Erhardt wertet das ständige begleitende Lächeln als ein „sicheres Signal für weibliche Selbstaufgabe ... Oft habe ich in Seminaren und Sitzungen Frauen gegenübergesessen, deren Lächeln eine ähnliche Qualität besaß. Selbst wenn sie von einem Partner gedemütigt, verletzt oder schlecht behandelt wurden, klebte ein verzweifeltes Lächeln auf ihrem Gesicht." [11]

Typisch für zu nette Frauen ist, dass sie für ihre Familie, Kollegen, Vorgesetzten, Partner und den Freundeskreis großes Einfühlungsvermögen und viel Verständnis aufbringen. Dagegen ist an sich nichts zu sagen. Das Problem ist nur, dass diese Frauen für sich selbst weitaus weniger Empathie aufbringen. Der Grund dafür liegt in einem schwachen Selbstwertgefühl. Wer glaubt, wenig wert zu sein, nimmt andere und deren Gefühle wichtiger als die eigenen. Frauen haben offenbar große Angst davor, überflüssig zu sein und nicht gebraucht zu werden. Deshalb opfern sich viele Frauen regelrecht für andere, zum Beispiel ihren Mann, auf, um sich so unersetzlich zu machen. Dabei denken sie – meist unbewusst – : „Wenn ich so viel wie möglich für ihn tue, kann er mich gar nicht verlassen. Denn allein kommt er doch gar nicht klar."

Die hingebungsvolle Art einer Frau wird von der Gesellschaft hoch anerkannt. „Die Frau an seiner Seite" nennt man die Gattin, die sich anstandslos und ohne zu murren in die zweite Reihe begibt, damit ihr

Mann im Rampenlicht stehen kann. Dass das kein Phänomen längst vergangener Zeiten ist, führen uns die Ehefrauen von Politikern vor. Zum Beispiel Doris Schröder-Köpf, die selbstverständlich ihren Beruf als Journalistin aufgab, um voll und ganz in der Aufgabe als Kanzlergattin aufzugehen und ihm den Rücken freizuhalten, oder Christina Rau, die Frau unseres Bundespräsidenten, die eine sehr gute akademische Ausbildung vorweisen konnte, dann aber das Doktorarbeitsthema zurückgab, als sie ihren Mann kennen lernte, um sich fortan ganz ihm und den Kindern zu widmen. Eine liebe Frau hält sich vornehm zurück und geht völlig darin auf, für ihn und die Kinder da zu sein. Das Problem ist nur: Viele Frauen gehen in dieser Rolle nicht auf, sondern vielmehr darin unter.

Gefahr der Selbstaufgabe

Die eigenen Bedürfnisse der Frau bleiben dabei auf der Strecke. Zu oft fügen sich Frauen ein und halten sich an Vorgaben, auch wenn sie ihnen sinnlos erscheinen.

Doch mit Nettsein allein ist nichts zu gewinnen. Wenn Sie zu allem Ja und Amen sagen, lassen Sie andere über sich bestimmen; dann setzen andere die Spielregeln fest. Als liebes nettes Mädchen haben sie vielleicht Mutti und Vati früher „weich geklopft". Und damals galt auch: „Ich muss das tun, was man von mir erwartet." Aber diese Zeiten sind vorbei. Sie sind erwachsen und sollten sich auch so benehmen. Dabei ist es ganz normal, nicht immer die Nette zu sein. Denn sicher geht Ihnen auch einmal etwas gegen den Strich, behandelt man Sie unfair oder versucht man, Sie zu verletzen. Spätestens dann sollte Schluss sein mit dem netten Mädchen. Sonst passiert es Ihnen, dass man Sie nicht ernst nimmt, Ihnen nichts zutraut und unliebsame Arbeiten bei Ihnen ablädt, die niemand sonst machen will – weil man weiß, dass Sie sich sowieso nicht dagegen auflehnen werden (siehe auch „Neinsagen lernen", Seite 152–156). Ihre Hilfsbereitschaft wird von anderen ausgenutzt – da können Sie sicher sein. Das gilt für Ihr Privatleben und erst recht für den Beruf, der ohnehin durch Konkurrenzsituationen bestimmt ist. Da sind die anderen richtig dankbar, wenn Sie eine (Dumme) finden, mit der sie es machen können.

Sich mit anderen messen

Um weiter zu kommen, müssen Sie sich dem Wettbewerb mit anderen stellen. Und wenn Sie verlieren? Dann ist das auch keine Katastrophe. Frauen sollten lernen, möglichen Niederlagen weniger Bedeutung beizumessen. Nehmen Sie das Wort Konkurrenz ganz wörtlich: Es kommt vom lateinischen concurrere und heißt zusammenkommen. Sehen Sie's olympisch: Dabeisein ist alles. Überlassen Sie das Feld nicht einfach den Gegnern und Gegnerinnen. Machen Sie es den anderen nicht zu leicht, an Ihnen vorbeizuziehen. Zeigen Sie die Zähne! Und auch hierbei gilt: Übung macht die Meisterin. Sie werden damit immer besser zurechtkommen, je öfter Sie es versuchen. Nur: Sie müssen es wagen. Denken Sie daran, es gibt für Sie immer etwas zu gewinnen, ob Sie am Ende die Nase vorn haben oder nicht: Sie trainieren Ihre Fähigkeiten, sich mit anderen zu messen, und Sie lernen auch – vielleicht sogar gerade – aus Niederlagen. Das ist wichtig für Ihre Weiterentwicklung. Je stärker Sie werden, desto weniger Angst müssen Sie davor haben, von der Konkurrenz erdrückt zu werden – und desto unwahrscheinlicher ist auch, dass Ihnen das passiert.

Doch muss eine Frau um jeden Preis auf Konfrontationskurs gehen? Soll sie völlig auf ihre erlernte Fähigkeit des Vermittelns verzichten? Ganz sicher nicht, denn Frauen bringen Wertvolles in das (Wirtschafts-) Leben ein. Sie sollten unbedingt ihre speziellen Fähigkeiten beibehalten, zum Beispiel das Können, auf die Bedürfnisse anderer einzugehen und sich in sie einzufühlen oder auch ein offeneres Klima herzustellen und dazu beizutragen, eine entspanntere Atmosphäre zu schaffen, die den Umgang miteinander erleichtert und der Kreativität im Job und damit letztlich auch den Arbeitsergebnissen zugute kommt. Doch alles hat seine Grenzen. Wichtig ist, dass bei all dem Eingehen auf andere die eigenen Interessen nicht zu kurz kommen.

Dennoch müssen Frauen, wenn sie Karriere machen wollen – aber auch im Privatleben und in der Öffentlichkeit – ihre Anliegen und Bedürfnisse ernst nehmen. Sie müssen lernen, je nach den Erfordernissen der Situation zwischen vermittelndem und konfrontativem Verhalten zu wählen – und nur dann zu lächeln, wenn ihnen wirklich danach ist. Sonst müssen Sie sich nicht wundern, wenn man Sie nicht ernst nimmt.

In der folgenden Checkliste finden Sie die wichtigsten Anleitungen, die Ihnen helfen, sich aus der Nettigkeitsfalle zu befreien.

CHECKLISTE

- **Stellen Sie sich der Konkurrenz.**
- **Gehen Sie Konflikten nicht aus dem Weg.**
- **Lassen Sie andere Ihre Hilfsbereitschaft nicht ausnutzen.**
- **Verzichten Sie auf ein freundliches Lächeln, wenn Sie Grund haben, verärgert zu sein.**
- **Nehmen Sie Ihre eigenen Wünsche und Bedürfnisse ernst.**
- **Wählen Sie zwischen vermittelndem und konfrontativem Verhalten.**

2. Schritt: Stärken Sie Ihr Selbstbewusstsein

Viele Frauen haben ein geringes Selbstwertgefühl und infolgedessen auch ein wenig ausgeprägtes Selbstbewusstsein. Sie trauen sich selbst nicht viel zu, glauben, dass andere alles besser können, und haben das Gefühl, den Anforderungen nicht zu genügen. So kommt es, dass viele Frauen große Angst vor Ablehnung haben und davor, verletzt zu werden. Daraus ergibt sich nicht selten der Drang, sich für andere aufzuopfern, alles zu tun, um dem Umfeld zu gefallen, sowie der Hang zu extremer Selbstbeobachtung und der Frage: „Was denken die anderen über mich?" Typisch ist auch, die eigenen Gefühle und Bedürfnisse nicht zu äußern.

Warum verhalten sich Frauen so? Der häufigste Grund ist Selbstschutz, nach dem Motto: „Bloß nicht anecken, nur nicht negativ auffallen, dann werden die anderen mich schon mögen." Das Problem ist nur, dass ständig unterdrückte eigene Wünsche und Vorstellungen zu einem Gefühlsstau führen, der zumindest Unwohlsein verursacht. Noch wahrscheinlicher werden sich der Groll, die Wut und die verdrängten Gefühle irgendwann ganz unerwartet entladen.

Testen Sie sich einmal selbst: Wie steht es mit Ihrem Selbstwertgefühl?
Beantworten Sie folgende Fragen:

	Ja	Nein
Fühlen Sie sich oft unsicher?	❑	❑
Können Sie bei Konflikten Ihre Interessen nur schwer durchsetzen?	❑	❑
Haben Sie häufig Selbstzweifel?	❑	❑
Machen Ihnen berufliche Herausforderungen Angst?	❑	❑
Befürchten Sie häufig, etwas nicht zu schaffen?	❑	❑
Nehmen Sie Kritik schnell persönlich?	❑	❑
Ist Ihnen Harmonie äußerst wichtig?	❑	❑
Haben Sie oft das Gefühl, in bestimmten Situationen ohnmächtig und ohne Einflussmöglichkeiten zu sein?	❑	❑
Sind Sie fast immer angespannt oder nervös?	❑	❑
Neigen Sie dazu, in Beziehungen zu klammern?	❑	❑
Wollen Sie alles perfekt machen?	❑	❑

Haben Sie mehr als drei Fragen mit „Ja" beantwortet? Dann spricht einiges dafür, dass Ihr Selbstwertgefühl nicht sehr ausgeprägt ist.

Vielleicht fragen Sie sich, was Ihr Selbstwertgefühl mit Schlagfertigkeit zu tun hat. Unser Selbstwertgefühl beeinflusst in hohem Maße unser Denken, Sprechen und Handeln. Wer ein gesundes Selbstwertgefühl hat, neigt weniger zu Ängsten und Schüchternheit. Es entscheidet damit über unseren Erfolg und Misserfolg.

Frauen haben ein geringes Zutrauen in sich und ihre Fähigkeiten, sind dadurch leichter angreifbar und trauen sich seltener als Männer, mal etwas frecher aufzutreten. Denn: Damit könnten sie ja wieder eine Angriffsfläche bieten.

Warum ist das weibliche Selbstvertrauen so lädiert? Warum trauen Frauen sich nicht oder zu selten, für den Erfolg zu kämpfen? Dafür gibt es mehrere Gründe. Im Wesentlichen sind es vor allem:

- die traditionelle Rollenverteilung.
- fehlende Identifikationsmuster.
- Angst vor den Folgen selbstbewussten Auftretens.
- verinnerlichte Glaubenssätze.

Traditionelle Rollenverteilung

Das Rollenverhalten ist heutzutage sicher nicht mehr ganz so verfestigt wie früher. Trotzdem erhalten Frauen Anerkennung, wenn sie Zurückhaltung, Fügsamkeit und Passivität an den Tag legen. Verhält sich ein Mann so, muss er damit rechnen, als „Weichei" bezeichnet zu werden. Trotz Gleichberechtigung und Emanzipation werden dieselben Verhaltensweisen bei Mann und Frau unterschiedlich bewertet – das trifft, wie ich bereits geschildert habe, auch auf das Sprachverhalten zu (siehe Seite 20 ff.).

In der Erziehung werden – ob bewusst oder unbewusst – noch immer kleine, aber feine Unterschiede zwischen Jungen und Mädchen gemacht. Mädchen werden nach wie vor die „weiblichen Tugenden" nahe gelegt wie lieb, brav, freundlich und ruhig zu sein, sich nicht zu streiten und sich nicht in den Vordergrund zu drängen. Jungen dagegen werden ermuntert, sich mit anderen zu messen, ihre Interessen durchzusetzen, lautstark auf sich aufmerksam zu machen und selbstständig zu werden. Diese früh erlernten Fähigkeiten kommen ihnen insbesondere im Berufsleben zugute, wo es darum geht, besser als die Konkurrenz zu sein, auf sich aufmerksam zu machen und sich für die eigenen Vorstellungen einzusetzen (siehe auch Kapitel „Sprache als Karrierebeschleuniger").

Fehlende Identifikationsmöglichkeiten

Wenn wir uns Führungskräfte und die Vorstandsetagen von Betrieben vorstellen, dann denken wir an ...? Genau! An Männer – Männer in leitenden Positionen an einem gläsernen Konferenztisch, die in dicken Ledersesseln versinken und wichtige Entscheidungen treffen. Und Frauen tauchen vor unserem geistigen Auge nicht auf. Oder doch? Eine ist dabei – die Sekretärin, die den Kaffee bringen darf und die lächelnd die De-Luxe-Keksmischung in Porzellanschälchen füllt.

Führungskräfte scheinen für Frauen jenseits des Erreichbaren zu sein. Und sie sind es ja auch tatsächlich, wenn wir uns die Zahlen anschauen: Im mittleren Management betrug der Frauenanteil 1986 4,5 Prozent und 1996 8,2 Prozent. Der Anteil an Frauen im oberen Management lag 1988 bei 1,3 Prozent, 1992 bei 1,4 und 1998 bei 4 Prozent.[12] Frauen sind auf der Vorstandsebene mit einem Anteil von insgesamt 0,5 Prozent und in den Aufsichtsräten mit 4,75 Prozent vertreten. [13]

Obwohl es laut Gesetz gleichen Lohn für gleiche Arbeit gibt, verdienen Frauen im Durchschnitt immer noch ein Drittel weniger als ihre männlichen Gegenparts. Und um in das gehobene Management zu klettern, muss frau mehr Leistung bringen. Das belegt eine Studie der Union der Leitenden Angestellten: 33,5 Prozent der befragten Managerinnen konnten ein abgeschlossenes Studium vorweisen, weitere 46,1 Prozent sogar einen Doktortitel. Bei den Männern hatten nur 25,1 Prozent fertig studiert und 35,9 Prozent promoviert.

Die fehlenden Vorbilder führen bei Frauen dazu, nicht nur unbewusst den Beweis männlicher Überlegenheit zu verinnerlichen, sondern auch den von weiblicher Unfähigkeit. Wenn wir uns mit den Bildern von mächtigen Führungsmännern vergleichen, dann schrumpft unser Selbstvertrauen im Nu. Und wenn das auch nicht heißt, dass die Männer in schwachen Stunden nicht ebenso zweifeln, ob sie die Karriere packen werden, so hilft ihnen ihr größeres Selbstwertgefühl, mutiger und selbstbewusster an Aufgaben heranzugehen. Die Einstellung zu den Dingen, das wissen wir, ist schon „die halbe Miete". Und für Männer ist der Gedanke, tatsächlich ganz oben anzukommen, auch nicht so abwegig. Schließlich haben das schon unzählige andere ihrer Geschlechtsgenossen geschafft. Das macht Mut.

Angst vor den Folgen selbstbewussten Auftretens

Viele Frauen sind gehemmt, wenn es darum geht, selbstsicher aufzutreten. Zum einen weil ihr Selbstwertgefühl gering ist und selbstbewusstes Auftreten gar nicht zu dem Bild passen würde, das sie von sich selbst haben, und weil sie sich zum anderen vor den Folgen solchen Verhaltens fürchten. Sie stellen sich vor, dass die anderen sie nicht mehr mögen oder böse auf sie sind. Insbesondere fürchten sie sich vor der Meinung vieler Männer, in deren Augen selbstbewusste Frauen als kühl, berechnend und unweiblich gelten.

Frauen bzw. Mädchen werden in ihrer geschlechtsspezifischen Sozialisation in der Regel eher für Eigenschaften als für Leistungen und Erfolge belohnt. Sie erhalten also Anerkennung, weil sie lieb und brav sind. Leistung und Erfolg zählen so gesehen weniger zur weiblichen Identität und können infolgedessen Zweifel an der eigenen Weiblichkeit aufkommen lassen. Die Angst vor Ablehnung ist sehr groß. Typische Phänomene weiblicher Erfolgsangst sind:

- die Schwierigkeit, Forderungen zu stellen.
- die eigene Leistung zu unterschätzen.
- Lob nur schwer annehmen zu können.
- zu hohe Erwartungen an sich selbst zu stellen (Perfektionismus).

Hinzu kommt, dass ein schwach ausgeprägtes Selbstbewusstsein Teil eines Teufelskreises ist: Wer ein geringes Selbstwertgefühl hat, wird weniger selbstbewusst an Dinge herangehen, zum Beispiel selten Neues wagen aus Angst vor Misserfolgen. Je weniger man tut, desto weniger kann man erreichen. Die Folge ist, dass das Selbstwertgefühl leidet, und das Selbstbewusstsein weiter abnimmt. Mit anderen Worten: Ein geringes Selbstwertgefühl führt dazu, dass ich ängstlich, übervorsichtig und zurückhaltend bin. Dadurch werde ich weiter verunsichert und verliere an Selbstachtung. Das Selbstwertgefühl schrumpft weiter.

Die Glaubenssätze

Der Grundstein des Bildes, das wir von uns selbst haben, wird in der Kindheit gelegt: Wir lernen, uns so zu sehen, wie uns die anderen sehen, und wir erfahren, wie die anderen uns gern hätten.

Eltern vermitteln uns, was sie von uns erwarten und ob das, was wir tun, richtig oder falsch ist. In vielen Familien wird dies sehr strikt gehandhabt. Es wird viel kritisiert und geschimpft, Lob, Anerkennung und Liebe dagegen werden nur sparsam eingesetzt. Kinder müssen daraus die Lehre ziehen, dass man am besten durchkommt, wenn man möglichst unauffällig und brav ist.

Die meisten Menschen haben während ihrer Kindheit von ihren Eltern und Lehrern viele Zurechtweisungen, Verbote und Sätze gehört wie *„Du sollst nicht …"*, *„Du kannst nicht …"*, *„Du bist zu dumm …"*, *„Sei brav"*, *„Liebe Mädchen tun so was nicht"*, *„Hör zu, wenn ich mit dir rede"*, *„Sei ruhig und geh in dein Zimmer"* oder *„Sei nicht so vorlaut"*. Wir haben sie verinnerlicht, und sie beeinflussen unser gesamtes Verhalten, denn der Verstand – oder besser das Unterbewusstsein – merkt sich solche Sätze.

Noch immer werden Mädchen stärker eingeengt mit Verboten oder Verhaltensvorschriften dieser Art als Jungen. Vieles von dem, was wir in unserer Kindheit gehört haben, hat uns das Gefühl vermittelt, nie richtig akzeptiert worden zu sein. Die Verbote und Vorschriften haben sich uns tief eingeprägt und sind so was wie unsere Glaubenssätze geworden, die nur schwer auszulöschen sind. Sie haben sich im Lauf der Jahre durch häufige Wiederholung im Gedächtnis festgesetzt und machen sich oft in Form von starker Selbstkritik bemerkbar: *„Warum will ich überhaupt Karriere machen? Ich schaffe das ja doch nicht. Ich bin eben zu dumm dafür ...“*, *„War ja klar, dass ich das nicht kann“*, *„Das habe ich nun davon“* oder *„Ich bin zu doof dafür.“*

Kennen Sie solche abwertenden Sätze von sich selbst? Wenn ja, machen Sie nicht den Fehler, diese Vorhaltungen mit der Realität zu verwechseln. Meist handelt es sich um nichts weiter als Wiederholungen alter Vorstellungen aus der Kindheit. Diese alten Denkmuster verhindern den Aufbau eines echten Selbstwertgefühls und werden zu großen Stolpersteinen auf Ihrem (Berufs- bzw.) Lebensweg.

Es gibt aber einen Trost: Alles, was wir einmal gelernt haben, können wir auch wieder verlernen. Tauschen Sie Ihre negativen, klein machenden Vorgaben gegen positivere, selbstbewusstere aus. Vielleicht probieren Sie es sofort? Hier einige typische abwertende Glaubenssätze. Überlegen Sie sich nun, ob Sie neue Glaubenssätze finden, und tragen Sie diese in die rechte Spalte ein. Falls Ihnen kein besserer Satz einfällt, schauen Sie auf Seite 43 f. nach. Dort finden Sie Vorschläge.

Alter Glaubenssatz	Neuer Glaubenssatz
1. Ich muss immer perfekt sein	_____
2. Ich darf mich nicht in den Vordergrund drängen	_____
	_____
3. Andere sind besser als ich	_____
	_____

4. Selbstaufopferung ist eine Tugend

_____

_____

5. Wut passt nicht zu einer Frau

_____

*6. Ich muss das tun, was mir
gesagt wird*

_____

_____

7. Karriere ist nichts für Frauen

_____

_____

Vorschläge für neue Glaubenssätze:

1. *Niemand ist perfekt, auch ich nicht. Ich gehe nicht gleich unter, wenn ich einen Fehler mache, sondern überlege, was ich daraus lernen kann.* (Mehr zum Thema Fehler und Perfektionismus ab Seite 157.)

2. *Ich habe das Recht, meine Meinung zu sagen. Wenn ich stolz auf einen Erfolg bin, darf ich das ruhig zeigen. Wenn andere, zum Beispiel Vorgesetzte, es nicht merken, wie gut ich bin, dann mache ich sie auf mich aufmerksam.* (Mehr zum Thema Werbung in eigener Sache ab Seite 125.)

3. *Es gibt Gebiete, auf denen andere besser sind, und Bereiche, in denen ich besser bin. Nicht alles gleich gut zu können, ist kein Beinbruch. Niemand ist perfekt.*

4. *Ich helfe gern anderen, aber es ist wichtig, dass ich meine Bedürfnisse dabei nicht vernachlässige. Ich habe ein Recht darauf, dass ich mich um meine Belange kümmere. Mein eigenes Wohl liegt mir am Herzen.*

5. *Wenn mich jemand ärgert, beleidigt oder verletzt, darf ich wütend sein. Ich bin trotzdem eine vollwertige Frau, auch wenn ich aggressiv reagiere. Ich muss nicht lächeln, wenn es nichts zu lächeln gibt.*

6. *Ich tue nur das, was mir auch sinnvoll erscheint. Wenn nicht, habe ich das Recht, zumindest eine vernünftige Begründung zu erhalten, weshalb ich etwas tun soll.*

7. *Eine Frau ist wie ein Mann für eine Führungsposition geeignet. Ich weiß, dass ich Stärken habe, die für leitende Positionen wichtig sind. Mit diesen Stärken bin ich für die Anforderungen einer Karriere gut gewappnet.*

Bedenken Sie, dass Ihr Handeln und Auftreten durch Ihre Gedanken und Gefühle bestimmt werden. Wenn Ihnen das klar ist, dann sehen Sie auch, dass Sie über ein Verändern Ihrer Bilder und Vorstellungen einiges erreichen können. Dann haben Sie tatsächlich die Wahl, ob Sie eine bedrückende, düstere, Sie an Ihrer Entfaltung hindernde oder eher eine bereichernde Zukunft mit Entwicklungsmöglichkeiten leitet.

Wollen sich also beim nächsten Mal wieder die klein machenden, negativen Glaubenssätze in ihre Gedanken schleichen, halten Sie inne. Und sagen Sie laut: „Nein, ich tappe nicht wieder in die Falle." Und überlegen Sie sich ganz bewusst, welchen positiven Glaubenssatz Sie dagegenhalten können.

Das Selbstwertgefühl ist die Antwort auf die Frage: Was für ein Gefühl habe ich mir selbst gegenüber – wie sehr liebe, achte und schätze ich mich? Daraus folgt, dass wir versuchen müssen, Einfluss darauf zu nehmen, wie wir uns sehen. Entwerfen Sie also positivere Bilder von sich selbst. Mehr positive Bilder führen zu mehr positiven Gefühlen Ihnen selbst gegenüber.

Wir alle erschaffen uns unsere Wirklichkeit selbst – in unserem Kopf. Was wir auswählen und worauf wir uns konzentrieren, das sehen und bekommen wir dann auch. Wir bestimmen, was in Worten, Bildern und Vorstellungen in unserem Kopf Vorrang hat. Vieles ist eine Frage des Blickwinkels. Kennen Sie den Film der „Club der toten Dichter"? In einer Szene fordert der Lehrer seine Schüler auf, auf die Tische zu steigen, um die Dinge aus anderer Warte zu betrachten.

Warum tun Sie das nicht auch öfter einmal und steigen auf Tische, um zu überprüfen, ob Ihre augenblickliche Sicht auf die Dinge die einzig mögliche ist?

Tauschen Sie Ihre alten, klein machenden, wenig aufbauenden Glaubenssätze gegen neue, geeignetere Kernglaubenssätze aus. Im Folgenden ein paar Vorschläge, die Ihnen bei der Suche nach positiven und beflügelnden Sätzen helfen sollen.

Zehn Kernglaubenssätze ^(nach Walter Staples) 14

1. Gewinnerinnen werden gemacht, nicht geboren

Das Leben ist ein Do-it-yourself-Projekt. Handeln Sie gemäß der Philosophie: „Wenn es geschehen soll, dann liegt es an mir, etwas dafür zu tun."

2. Die wichtigste Kraft in unserer Existenz sind die Gedanken, mit denen wir uns täglich beschäftigen

Achten Sie genau auf die Gedanken, mit denen Sie sich beschäftigen. Denn was Sie denken, dazu werden Sie.

3. Wir haben die Macht, uns unsere Wirklichkeit selbst zu erschaffen – wer wir sind und in welcher Welt wir leben

Seien Sie sich der Wirklichkeit, die Sie schaffen, bewusst. Ist es sinnvoll, die Schlüsse über sich selbst ausschließlich auf äußere, sichtbare Beweise zu stützen? Die Anwesenheit von Beweisen für etwas ist kein Beweis für dessen Nichtexistenz.

4. Jede Notsituation hat auch ihr Gutes

Konzentrieren Sie sich auf das Positive, nicht auf das, was schief gegangen ist.

5. In Bezug auf unser persönliches Glaubenssystem haben wir vollkommene Wahlfreiheit

Suchen Sie sich Glaubenssätze, die Sie stärken und die Ihnen helfen voranzukommen, anstatt solcher, die Sie einschränken und zurückhalten.

6. Wir sind niemals besiegt, es sei denn, wir akzeptieren eine Niederlage und geben auf

Geben Sie niemals auf, dann werden Sie Erfolg haben. Erinnern Sie sich: Gewinnerinnen geben niemals auf und Aufgeberinnen gewinnen niemals.

7. Wir verfügen schon jetzt über herausragende Fähigkeiten, zumindest in einem Schlüsselbereich unseres Lebens

Finden Sie heraus, wo Ihre Stärke liegt. Häufig ist es etwas, das Sie sehr gerne tun und das Sie tief befriedigt. Andernfalls entscheiden Sie sich einfach für das, worin Sie überragend werden möchten. Und dann gehen Sie los und tun Sie es!

8. Die einzigen wirklichen Beschränkungen unserer Leistungsfähigkeit sind die, die wir uns selbst auferlegen
Die einzige Möglichkeit, unsere Begrenzungen zu erfahren, besteht darin, sie zu überschreiten. Akzeptieren Sie keinerlei Einschränkungen. Woher wollen Sie es überhaupt wissen? Setzen Sie Ihre Bemühungen also fort.

9. Großer Erfolg ist nicht möglich ohne großes Engagement
Engagement ist eine Folge unseres Glaubens und unserer Wünsche. Arbeiten Sie an diesen beiden, dann wird das Engagement automatisch folgen.

10. Wir brauchen Unterstützung durch andere, um ein lohnendes Ziel zu erreichen
Finden Sie heraus, wie Sie effektive und produktive zwischenmenschliche Beziehungen aufnehmen und unterhalten können. (Siehe auch „Unterstützung suchen" ab Seite 165.)

Neue Glaubenssätze sind die Basis für ein gesundes Selbstbewusstsein. Das können Sie weiter stärken, indem Sie:
- sich die eigenen Leistungen bewusst machen.
- positive Rückmeldungen annehmen.
- Risiken eingehen.
- Freundschaften pflegen.
- jeden Tag an Margaret Mead denken.

Lesen Sie im Folgenden, was im Einzelnen darunter zu verstehen ist.

Sich eigene Leistungen bewusst machen
Teil meiner Bewerbungsstrategie-Seminare ist eine Übung, in der es darum geht, sich der eigenen Stärken bewusst zu werden. Ein wichtiger Indikator dafür sind die beruflichen Erfolge. Auffallend ist, dass die Teilnehmerinnen sich oft schwer tun, eine Antwort darauf zu finden. *„Berufliche Erfolge? Die kann ich nicht vorweisen"*, lautet ein häufiger Kommentar. Während die männlichen Seminarteilnehmer im Nu die Filzstifte über die Blätter quietschen lassen und sofort Ihre Erfolge aufschreiben, grübeln die Frauen nicht selten ratlos über der Frage.

Wenn Frauen gute Leistungen erbringen, lassen sie diese Erkenntnis häufig gar nicht an sich heran. Das zeigt sich zum Beispiel auch in Bewerbungsgesprächen, wo Frauen oft nicht in der Lage sind, ihre beruflichen Erfolge, ihre Leistungen und Ergebnisse herauszustellen. Viele legen die Messlatte zu hoch, sodass sie es gar nicht „wagen", von beruflichen Erfolgen zu sprechen. Wenn sie hören, was die Männer anführen, kommt häufig ein *„Ach so. Ich dachte an was ganz Sensationelles."*

Wissen auch Sie nicht, was Sie an beruflichen Erfolgen anführen könnten? Vielleicht hilft Ihnen folgende Auflistung weiter. Beruflicher Erfolg zeigt sich zum Beispiel darin, dass Sie:

- die Idee für ein neues Produkt gegeben haben.
- zur Umsatzsteigerung beigetragen haben.
- den Kundendienst verbessert haben.
- Mitarbeiterinnen und Mitarbeiter geschult haben.
- in einem Projekt mitgearbeitet oder es geleitet haben.
- Einsparungsvorschläge gemacht haben, die erfolgreich umgesetzt wurden.
- Stammkunden herangeholt haben.
- die Idee für eine erfolgreiche Umstrukturierung geliefert haben.
- sich in einer Ausnahmesituation bewährt haben.
- besondere Führungsqualitäten unter Beweis gestellt haben.
- eine Auszeichnung oder besonderes Lob erhielten.

Für Ihr Selbstwertgefühl ist es wichtig, sich an Positives – natürlich nicht nur im beruflichen Bereich – aus der Vergangenheit zu erinnern, Erfolge auszuwerten und sich diese bewusst zu machen. Sie sollten sich selber auch mal anerkennend auf die Schulter klopfen, sich loben und nicht nur haarklein sämtliche Fehler registrieren und sich dafür auch noch heftig – wie es viele Frauen tun – zu beschimpfen. Frauen lenken allzu oft ihren Blick nur auf Schwächen und Niederlagen und übersehen dabei ihre Fähigkeiten und Stärken oder werten diese ab.

Eine Möglichkeit, den Spieß umzudrehen, besteht darin, dass Sie sich einen „Erfolgsordner" anlegen. Listen Sie all Ihre Stärken und Leistungen schriftlich auf. Nichts ist zu gering, als dass es nicht wert wäre, aufgeführt zu werden. Und ergänzen Sie die Aufstellung laufend. Sind Sie mal mies drauf oder trauen Sie sich gerade gar nichts zu, dann holen Sie den Hefter hervor und blättern in Ihrem Erfolgstagebuch. Das gibt Auftrieb.

Positive Rückmeldungen annehmen

Viele Frauen neigen dazu, Lob und Anerkennung abzuweisen, Erfolg auf den Zufall oder auf die Hilfe anderer zu schieben, anstatt sich einfach mal selbstbewusst zu bedanken und die Anerkennung auch zu genießen.

Legen Sie die falsche Bescheidenheit ab. Sie können zu Recht auf Ihre Erfolge und Leistungen stolz sein. Wenn Ihr Chef Sie für Ihre Arbeit lobt, dann spielen Sie das nicht herunter. Bedanken Sie sich für die Anerkennung und sagen Sie beispielsweise, dass es ein hartes Stück Arbeit war und auch Sie selbst stolz sind, die Sache so gut erledigt zu haben.

Risiken eingehen

Nehmen Sie Herausforderungen an, anstatt ihnen aus dem Weg zu gehen. Sehen Sie das Ganze als „Learning by doing" – da dürfen Fehler passieren. Nehmen Sie Ihre Schwächen an! Sie werden sehen, je mehr „doing", desto besser die Ergebnisse. Niemand ist perfekt – auch Sie nicht. Aber Sie können besser werden. Frauen scheuen das Risiko, weil sie darunter in erster Linie die Gefahr, Erreichtes oder Gewonnenes wieder zu verlieren, verstehen. Männer hingegen sehen im Risiko eher die Chance, Neues hinzuzugewinnen.

Wer immer wieder vor Schwierigkeiten zurückschreckt, wird langfristig gesehen nur ein geringes Selbstwertgefühl ernten. Denn Selbstwert wächst durch aktives Tun. Jede Hürde, die Sie überspringen, jedes Problem, das Sie aus dem Weg geräumt haben, lässt Ihre Zufriedenheit wachsen und vor allem das Gefühl der Selbstsicherheit und Zuversicht, künftig auch mit anderen Dingen fertig zu werden. Ich tröste mich in einer schwierigen Lage oft mit dem Satz, dass ich schon ganz andere Situationen gemeistert habe. Vielleicht hilft er ja auch Ihnen weiter.

Freundschaften pflegen

Akzeptanz und Zuwendung durch Freundinnen und Freunde, die einen so mögen, wie man ist, helfen, das Gleichgewicht zu halten und auch bei Fehlschlägen nicht gleich aus der Bahn geworfen zu werden. Es ist wichtig zu erleben, dass sich jemand freut, einfach weil man da ist und unabhängig von irgendwelchen Leistungen.

Reden Sie mit Ihren Freundinnen und Freunden darüber, wenn Ihr Selbstwertgefühl nicht stark ist. Fragen Sie ganz bewusst, was die anderen an Ihnen schätzen – wenn sie es nicht ohnehin von sich aus sagen.

Jeden Tag an Margaret Mead denken

Warum halten Sie es nicht wie Margaret Mead. Die berühmte amerikanische Ethnologin soll sich, um sich Mut zu machen, jeden Morgen im Spiegel zugebrüllt haben: *„Gott sei Dank, dass ich Margaret Mead bin!"*

Beglückwünschen Sie sich jeden Tag, dass Sie Sie sind. Wie wäre das? Oder liegt Ihnen folgende Alternative mehr: *„Ich finde mich gut."* Für gemäßigtere Menschen bietet sich eine andere Variante an: *„Ich bin in Ordnung und ich freue mich, ... zu sein."* Feuern Sie sich selber an. Immer lauter – von Tag zu Tag.

In der folgenden Checkliste finden Sie die wichtigsten Punkte zusammengefasst, die Ihnen helfen, Ihr Selbstbewusstsein zu stärken:

CHECKLISTE

- Suchen Sie sich weibliche Vorbilder.
- Nehmen Sie eine vorgeschlagene Beförderung oder die Übertragung verantwortungsvoller Aufgaben an.
- Ändern Sie die Glaubenssätze, die Sie blockieren.
- Suchen Sie sich neue Blickwinkel.
- Machen Sie sich Ihre Leistungen bewusst.
- Nehmen Sie positive Rückmeldungen an.
- Gehen Sie Risiken ein.
- Pflegen Sie Freundschaften.
- Denken Sie an Margaret Mead.

3. Schritt: Lernen Sie die wichtigsten Schlagfertigkeitstechniken

Der Personalchef sitzt an seinem Schreibtisch. Ihm gegenüber eine junge Frau, die in Kürze die Schule verlassen wird. Sie hat sich bei ihm um einen Ausbildungsplatz beworben. Plötzlich fragt er: „Sind Sie Jungfrau?"

Situationen, die uns sprachlos machen, können überall passieren. Im Beruf, im Privatleben, in der Öffentlichkeit. Niemals ist man davor gefeit. Sicher sind Sie grundsätzlich davon überzeugt, dass man sich in der Regel sachlich und ruhig austauschen und Argumente abwägen sollte. Nur gibt es eben immer wieder Situationen, in denen gerade das nicht gefragt ist und wo man sich wünscht, eine treffsichere, direkte Antwort parat zu haben. Die oben genannte Bewerberin wäre sicher froh gewesen, wenn ihr auf die Schnelle eine Erwiderung eingefallen wäre. Sie hätte zum Beispiel sagen können: *„Nein, mein Sternzeichen ist Schütze."*

Damit Ihnen das künftig nicht mehr so geht und Sie an Ort und Stelle retournieren können, sollten Sie die folgenden 13 Schlagfertigkeitstechniken lernen, die sich in zwei Bereiche teilen lassen: in die harten und die weichen Methoden. Mit den harten sind die Techniken gemeint, die Ihnen helfen, sich kräftig zu wehren, und mit denen Sie dem anderen deutlich die Grenzen aufzeigen. Die weichen Techniken dienen in erster Linie dazu, eine Situation nicht eskalieren zu lassen. Auch in solchen Momenten möchte man nicht sprachlos dastehen, sondern sollte eine passende Antwort parat haben bzw. zumindest mit Worten signalisieren können, dass man souverän über den Dingen steht. In solchen Fällen empfehlen sich die weichen Schlagfertigkeitstechniken.

Doch zunächst zu den harten Schlagfertigkeitstechniken. Das sind:
1. Die Retour-Technik (siehe Seite 49 ff.)
2. Die Rückfrage-Technik (siehe Seite 52 ff.)
3. Die Besser-als-Technik (siehe Seite 54 ff.)
4. Die Übersetzer-Technik (siehe Seite 56 ff.)
5. Die Gerade-weil-Technik (siehe Seite 58-61)
6. Die Notfall-Technik (siehe Seite 61 ff.)
7. Die Abgrenzungs-Technik (siehe Seite 64 ff.)

Folgende sechs Techniken zählen zu den weichen Methoden:
1. Die Hörfehler-Technik (siehe Seite 66 ff.)
2. Die Honig-um-den-Bart-Technik (siehe Seite 68 ff.)
3. Die Asche-auf-mein-Haupt-Technik (siehe Seite 70-73)
4. Die Ja-ganz-genau-Technik (siehe Seite 73 ff.)
5. Die Auszeit-Technik (siehe Seite 75 ff.)
6. Die Durchzug-Technik (siehe Seite 77 f.)

Lesen Sie im Weiteren, was es mit den Schlagfertigkeitstechniken auf sich hat und wie Sie die Methoden am besten anwenden. Am Ende jeder Darstellung einer Technik finden Sie ein Trainingsprogamm. Hier haben Sie die Möglichkeit, die Technik übungshalber anzuwenden.

Die harten Schlagfertigkeitstechniken

1. Die Retour-Technik *Winston Churchill war bekannt für seine schlagfertigen Antworten. Zu der Zeit, als sein Wechsel von den Konservativen zu den Liberalen für Aufregung sorgte, schickte ihm George Bernard Shaw zwei Theaterkarten für die Premiere eines neuen Stücks mit der schriftlichen Bemerkung: „Bringen Sie einen Freund mit, wenn Sie noch einen haben." Churchill antwortete umgehend: „Bin an dem Abend parlamentarisch gebunden, komme zur zweiten Vorstellung, wenn es noch eine gibt."*

Winston Churchill hat sich – wahrscheinlich ohne je einen Gedanken daran zu verschwenden – der Retour-Technik, also des klassischen Konters bedient. Diese Form des Gegenangriffs beruht auf dem Prinzip, dass man einen Teil der Attacke wörtlich oder sinngemäß aufgreift und ihn in die Replik einbaut.

Der Witz entsteht dadurch, dass die eigentliche Botschaft indirekt ausgedrückt wird und sich dem Adressaten erst durch Weiterdenken die volle Dimension der Aussage erschließt, weil noch ein neuer Gedanke hinzugefügt worden ist.

Anders ausgedrückt: Churchill hätte auch plump antworten können: *„Machen Sie sich keine Sorgen, ich habe mehr Freunde als Sie Zuschauer."* Doch hier fehlt der Witz, weil die Aussage eine einfache Retourkutsche ist. Es fehlt der indirekte Gedanke, der weitergesponnen werden muss.

Wenn Sie sich der Retour-Technik bedienen wollen, wäre es die Krönung der Schlagfertigkeit, wenn Ihre Antworten nicht nur prompt und treffend, sondern auch noch so witzig wie die des englischen Staatsmannes ausfielen. Allerdings sollten Sie sich nicht unnötig unter Druck setzen und nicht den Anspruch haben, immer derart geistreiche Antworten zu finden. Vergessen Sie's: Churchill war ein Naturtalent. Setzen Sie sich also keinem Perfektionszwang aus, um dann am Ende so blockiert zu sein, dass Sie gar nichts mehr sagen können. Wichtig ist, dass Ihnen überhaupt etwas einfällt – wenn es noch dazu witzig ist, herzlichen Glückwunsch. Wenn nicht, dann haben Sie sich wenigstens gegen den Verbalangriff gewehrt.

Beispiele:
Anmache: *„Wenn ich Ihr Chef wäre, würde ich hier aber andere Seiten aufziehen."*
Antwort: *„Wenn Sie hier Chef wären, würden sich alle ganz schnell verziehen."*

Anmache: *„Sie sehen aber wieder mal schlecht aus. Möchten Sie vielleicht rausgehen?"*
Antwort: *„Wenn Sie mit Ihrer Rede fertig sind, wird es mir schlagartig besser gehen."*

Es gibt noch eine weitere Möglichkeit, die Retour-Technik anzuwenden: Arbeiten Sie mit dem Umkehrprinzip, geben Sie den Vorwurf direkt an den Attackierenden zurück.

Beispiele:
Anmache: *„Sie Idiot!"*
Antwort: *„Man sollte nicht von sich auf andere schließen."*

Anmache: *„Was fällt Ihnen ein ..."*
Antwort: *„Na, zumindest einiges mehr als Ihnen."*

Anmache: *„Sie sind ein unverschämter Lügner."*
Antwort: *„Das müssen Sie als Experte ja wissen."*

Anmache: *„Sie haben aber eine merkwürdige Figur."*
Antwort: *„Da mögen Sie Recht haben. Wenn ich mir Sie aber so anschaue, weiß ich, dass es immer noch schlimmer kommen kann."*

Wann Sie diese Technik am besten einsetzen:
- Wenn jemand Sie in den Hinterhalt locken möchte.
- Wenn man Witze auf Ihre Kosten macht.
- Wenn Sie beleidigt werden.

Haben Sie verstanden, wie die Retour-Technik funktioniert? Dann probieren Sie sie doch gleich selbst einmal aus.

TRAININGSPROGRAMM

Anmache 1: *„Ich habe Zweifel, ob Sie die Ausarbeitung schaffen."*
Ihre Antwort:

_____

_____

Anmache 2: *„Ich bin der Meinung, dass das niemanden interessiert."*
Ihre Antwort:

_____

_____

Anmache 3: *„Ich habe das Gefühl, dass Sie überfordert sind."*
Ihre Antwort:

_____

_____

Antwortvorschläge:
zu 1: *„Die Ausarbeitung ist kein Problem. Ich habe nur Zweifel, ob Sie meine Ausführungen verstehen werden."*
zu 2: *„Ich bin überzeugt, dass niemand an Ihrer Meinung interessiert ist."*
zu 3: *„Dann sollten Sie dringend überprüfen, was mit Ihren Gefühlen nicht stimmt."*

2. Die Rückfrage-Technik Sie kennen vielleicht die Regel: „Wer fragt, führt." Da ist was dran. Indem Sie die Fragen in einem Gespräch stellen, können Sie die Richtung vorgeben und, wenn es sein muss, die anderen ordentlich in Bedrängnis bringen. Was aber, wenn man Sie fragt? Mein Tipp: Fragen Sie doch einfach zurück. Wenden Sie die Rückfrage-Technik an. Sie ist ein äußerst wirkungsvolles Instrument, und das nicht nur als Reaktion auf Fragen, sondern auch als Möglichkeit, Vorwürfen Kontra zu geben.

Sie haben mehrere Möglichkeiten, nachzufragen. Sie können sich zum Beispiel nach Einzelheiten erkundigen: *„Was genau meinen Sie ...?"*, *„Wie ist das zu verstehen ...?"*

Beispiele:
Vorwurf: *„Das müssen Sie aber besser im Griff haben."*
Reaktion: *„Was meinen Sie genau mit im Griff haben?"*

Vorwurf: *„Wie haben Sie sich das denn vorgestellt?"*
Reaktion: *„Was genau wollen Sie denn wissen?"*

Die zweite Möglichkeit der Rückfrage besteht darin, nach dem „Was-müsste-sein"-Muster zu fragen.

Beispiele:
Vorwurf: *„Das ist ja Blödsinn, was Sie hier abgeliefert haben."*
Reaktion: *„Wie müsste das Konzept aussehen, damit Sie es nicht für blödsinnig halten?"*

Vorwurf: *„Warum haben Sie sich nicht ausreichend um das Projekt gekümmert?"*
Reaktion: *„Woran mangelt es denn Ihrer Meinung nach?"*

Sie können als dritte Möglichkeit die Frage auch direkt zurückgeben, nach dem Motto: „Wie sieht es bei Ihnen/bei dir aus?"

Beispiele:
Vorwurf: *„Wann hast du denn das letzte Mal ein Buch gelesen?"*
Reaktion: *„Wann denn du?"*

Vorwurf: *„Sie sind wohl überfordert?"*
Reaktion: *„Sind Sie es?"*

Die Rückfrage-Technik ist eine der einfachsten Methoden in Sachen Schlagfertigkeit. Es lohnt sich, sie einzuüben. Das Wirkungsvolle an dieser Methode ist, dass sie Sie sehr entlastet. Sie stehen nicht mehr unter Druck, können sich in Ruhe eine Antwort überlegen, falls Ihr Gegenüber später noch einmal darauf zurückkommt. Aber Sie werden sehen: Viele lassen sich von dieser Methode überrumpeln, denn wir alle haben eine Art Antwort-Automatismus verinnerlicht. Vielleicht liegt es noch an Kindheitserfahrungen. Wer hat nicht von Eltern, Lehrern oder anderen schon mal den Satz gehört: *„Man antwortet, wenn man etwas gefragt wird"*?

Sie sollten allerdings bedenken, dass Sie diese Methode nicht permanent anwenden können. Das versteht sich wohl von selbst. Sonst wird Ihr Gegenüber unter Umständen richtig sauer – es sei denn, genau das ist Ihr Ziel –, weil er oder sie sich wie beim Verhör fühlt. Aber ab und an geschickt eingestreut, verschafft Ihnen diese Methode Freiraum.

Wann Sie diese Technik am besten einsetzen:
- Wenn man Ihnen etwas unterstellt.
- Wenn die Angriffe unter die Gürtellinie gehen.
- Wenn Ihr Gegenüber richtig ausfallend wird.

Haben Sie eine Idee, wie man auf folgende Sprüche mithilfe der Rückfrage-Technik antworten könnte?

TRAININGSPROGRAMM

Anmache 1: *„Da haben Sie mich wohl missverstanden?"*
Ihre Antwort:

_____

_____

Anmache 2: *„Sie können ja nicht mal 1 und 1 zusammenzählen!"*
Ihre Antwort:

_____

_____

Anmache 3: *„Was haben Sie sich denn dabei gedacht? Mit diesem Bericht
kann ich nicht in die Sitzung gehen. "*
Ihre Antwort:

_____

_____

Antwortvorschläge:
zu 1: *„Was genau meinen Sie, das habe ich nicht richtig verstanden?"*
zu 2: *„Und Sie?"*
zu 3: *„Was sollte an dem Bericht anders sein, dass Sie damit in die Sitzung
    gehen können?"*

3. Die Besser-als-Technik Bei dieser Methode besteht der Witz nicht
darin, das zu leugnen, was Ihnen vorgeworfen wird, sondern vielmehr
darin, die Bedeutung zu minimieren, nach dem Motto: *„Okay, ich habe
dieses oder jenes gemacht. Das ist aber gar nichts im Vergleich zu dem, was
du dir geleistet hast."*

    Diese Form der Schlagfertigkeit funktioniert, indem der Vorwurf auf-
genommen, aber durch den Vergleich mit dem, was nach dem *„als ..."*
folgt, geschmälert wird. Wenn Ihnen noch dazu eine Antwort mit Witz
einfällt, umso besser.

Beispiele:
Vorwurf: *„Deine Hose sieht blöd aus."*
Antwort: *„Besser eine blöde Hose als eine blöde Bemerkung."*

Vorwurf: *„Sie haben aber zugenommen."*
Antwort: *„Lieber dick als doof."*

Vorwurf: *„Sie sind ein Großmaul."*
Antwort: *„Besser ein Großmaul als ein Kleinkrämer."*

Sie können an die „Besser... als..."-Antwort auch noch einen Zusatz anhängen, um Ihre Aussagekraft zu verstärken.

Beispiele:
Vorwurf: *„Deine Wohnung ist aber klein."*
Antwort: *„Besser klein und dafür mein, als groß und nur gemietet."*

Vorwurf: *„Du bist immer so hektisch."*
Antwort: *„Besser hektisch und in Bewegung als träge und langweilig."*

Vorwurf: *„Sie reagieren aber immer sensibel."*
Antwort: *„Besser sensibel und aufmerksam als ein ungehobelter Klotz, der nichts merkt."*

Oder nehmen Sie's einfach mit Humor.

Beispiele:
Vorwurf: *„Sie sind ja echt arm dran."*
Antwort: *„Besser Arm dran als Arm ab."*

Vorwurf: *„Du bist ganz schön eingebildet."*
Antwort: *„Besser eingebildet als gar keine Bildung."*

Vorwurf: *„Sie sehen ganz schön mitgenommen aus."*
Antwort: *„Besser als bestellt und nicht abgeholt."*

Wann Sie diese Technik am besten einsetzen:
- Wenn man Sie beleidigt.
- Wenn man Ihnen etwas unterstellt.
- Wenn man versucht, Ihre Leistungen oder Fähigkeiten abzuwerten.

Nun sind Sie wieder an der Reihe. Was fällt Ihnen zu folgenden Vorwürfen ein?

TRAININGSPROGRAMM

Anmache 1: *„Sie haben immer nur Ihre Vorteile im Kopf."*
Ihre Antwort:

_____

_____

Anmache 2: *„Sie können wohl nicht bügeln. Ihre Bluse hat Falten."*
Ihre Antwort:

_____

_____

Anmache 3: *„Sie geben immer so an."*
Ihre Antwort:

_____

_____

Antwortvorschläge:
zu 1: *„Besser Vorteile im Kopf als nichts im Kopf."*
zu 2: *„Besser Falten in der Bluse als im Gesicht."*
zu 3: *„Besser angeben als immer nur zunehmen."*

4. Die Übersetzer-Technik *„Das habe ich mir gedacht, dass ich Sie hier allein an der Theke treffe. Das ist ja auf Partys immer Ihr Lieblingsplatz. Ich mische mich lieber unter die Leute."*

Es gibt Angriffe, die treffen einen von hinten durch die Brust ins Auge, das heißt, oberflächlich gesehen ist der Angriff gar nicht so deutlich erkennbar und trotzdem verfehlt die Attacke ihre Wirkung nicht. Hier kommen Sie mit der Übersetzer-Technik weiter. Ihre Aufgabe besteht darin, den versteckt ausgesprochenen Vorwurf offen zu legen, indem Sie Ihrem Gegenüber klar und deutlich sagen, was er gerade gemeint hat.

In dem gerade aufgeführten Fall könnte die Reaktion lauten: *„Sie wollen damit sagen, dass ich eine typische Einzelgängerin bin, die sich am liebsten betrinkt und Kontaktschwierigkeiten hat?"* Wenn Sie etwas so offen ansprechen, ist der Angreifer in aller Regel perplex und versucht, sich zu rechtfertigen nach der Devise: *„Ach nein, da haben Sie mich ganz falsch verstanden."* Der Vorteil an dieser Methode ist, dass Ihr Gegenüber nun versuchen wird, deutlich zu machen, wie viel er von Ihnen hält, dass Sie ganz und gar nicht im Verdacht stehen, zu viel zu trinken und so weiter.

Wenn also jemand versucht, Ihnen durch die Blume etwas vorzuwerfen oder Sie zu beleidigen, dann reden Sie Klartext. Bringen Sie es auf den Punkt, was da zwischen den Zeilen mitschwingt.

Typisch für diese Art von Angriffen ist auch, dass der Tonfall ganz bewusst eingesetzt wird. Manche Aussage kann durch einen ironischen Unterton eine echte Beleidigung werden. Sprechen Sie folgenden Satz einmal möglichst sachlich und beim zweiten Mal mit einem süffisanten Lächeln aus: *„Eigentlich ist dieses Computerprogramm ganz einfach zu verstehen."*

Im ersten Fall könnte man meinen, jemand erklärt zum Beispiel einer Kollegin, dass sie keine Angst vor dem neuen Programm haben muss, weil es einfach zu verstehen ist. Im zweiten Fall – also bei anderer Betonung – ließe sich der Satz als Vorwurf werten. Die Kollegin könnte dann antworten: *„Du willst damit sagen, dass jeder Idiot das kapiert, nur ich nicht, weil ich zu blöd dafür bin?"*

Beispiele:
Anmache: *„Bei was für einem Friseur warst du denn?"*
Antwort: *„Du willst mir also sagen, dass dir meine Frisur nicht gefällt und ich keinen Geschmack habe?"*

Anmache: *„Als Lehrerin wirst du dafür ja wohl Zeit haben."*
Antwort: *„Du meinst, Lehrer arbeiten eh nur halbtags und haben lange Ferien. Für die ist es kein Problem, weitere Aufgaben zu übernehmen?"*

Wann Sie diese Technik am besten einsetzen:
- Wenn jemand Sie tief kränkt.
- Wenn jemand Sie unabsichtlich beleidigt.
- Wenn jemand unsachlich Kritik übt.

Hier ein paar Übungen, damit Ihnen die Übersetzer-Technik gelingt.

TRAININGSPROGRAMM

Anmache 1: *„Die anderen hatten keine Schwierigkeiten bei dem Test.“*
Ihre Antwort:

_____

_____

Anmache 2: *„Ach, Sie fahren im Urlaub in den Bayerischen Wald? Ich muss immer weit weg. Am besten in die Karibik.“*
Ihre Antwort:

_____

_____

Anmache 3: *„Was haben Sie für die Tasche bezahlt – so viel?“*
Ihre Antwort:

_____

_____

Antwortvorschläge:
zu 1: „Sie wollen damit sagen, dass ich ein Versager bin?“
zu 2: „Sie wollen mir also sagen, dass der Bayerische Wald kein ernst zu nehmender Urlaubsort ist und nur ein Reiseziel für ‚kleine Leute‘?“
zu 3: „Sie wollen mir damit sagen, dass die Tasche hässlich ist und ich einen schlechten Geschmack habe?“

5. Die Gerade-weil-Technik Üblicherweise reagieren wir auf einen Angriff mit einer Antwort im Sinne von *„Stimmt ja gar nicht“* oder *„Das ist nichts im Vergleich zu dem, was du gemacht hast.“*

Dieser üblichen Art der Erwiderung liegt direkt oder indirekt die Aussage zugrunde: *„Was du sagst, stimmt nicht. Du hast Unrecht, ich habe Recht."* Klar, dass sich der andere durch eine solche Antwort angegriffen fühlt und sich überlegt, was er darauf nun erwidern kann. Und so schaukelt sich das Ganze hoch. Sind Sie aber interessiert daran, ein eher entspanntes Verhältnis mit dieser Person zu haben? Sind Sie vielleicht von ihr abhängig, weil es sich dabei um Ihren Chef handelt? Oder wollen Sie unter Umständen einfach keinen Streit? Dann bietet sich die Gerade-weil-Technik an als Möglichkeit, einerseits zwar zu reagieren, andererseits aber dem anderen zu verstehen zu geben, dass Sie ihn oder sie ernst nehmen.

Beispiel:
Vorwurf: *„Du kannst doch gar nicht mitreden. So etwas hast du doch noch nie erlebt."*
Antwort: *„Es ist richtig, dass mir das bisher glücklicherweise erspart geblieben ist. Gerade weil ich so etwas noch nicht erleben musste, kann ich das Ganze neutral betrachten und einschätzen."*

Damit Sie die Gerade-weil-Technik erfolgreich anwenden, muss der Vorteil, den Sie benennen, ein triftiger sein, einer, von dem auch der Angreifer etwas hat. Es wird zum Beispiel verständlicherweise wenig nützen, wenn Sie auf den Vorwurf: *„Mensch, Sie sind schon wieder zu spät gekommen"* antworten: *„Das ist richtig. Dafür konnte ich wenigstens mal wieder richtig ausschlafen."* Eine solche Erwiderung wird Ihr Gegenüber wahrscheinlich so richtig auf die Palme bringen. Zu retten wäre diese Aussage höchstens noch mit dem schnell hinterher geschobenen Hinweis: *„Und weil ich so fit bin, werde ich heute selbstverständlich die versäumte Zeit hintendran hängen und dann an unserem Konzept arbeiten."* Damit zeigen Sie Einsicht in Ihr Fehlverhalten und das Bemühen, Ihren Fehler wieder gutzumachen.

Die Gerade-weil-Technik eignet sich besonders, um mit berechtigter Kritik umzugehen.

Beispiele:

Vorwurf: *„Sie haben Ihre Ausbildung abgebrochen. Sie sind da wohl nicht klargekommen?"*

Antwort: *„Es stimmt, dass ich die Ausbildung nicht zu Ende geführt habe. Aber gerade deshalb weiß ich jetzt wirklich, was ich will, und bin richtig motiviert."*

Vorwurf: *„Womöglich machen Sie noch einmal einen Fehler, beim letzten Mal hat es auch nicht geklappt."*

Antwort: *„Das ist richtig, dass ich einen Fehler gemacht habe. Gerade weil ich daraus gelernt habe, wird das nicht mehr vorkommen."*

Vorwurf: *„Dafür bist du doch zu alt."*

Antwort: *„Sicher bin ich älter als die meisten hier. Aber gerade weil ich älter bin, habe ich einen reichen Erfahrungsschatz zu bieten."*

Auch bei Verunglimpfungen und Schmeicheleien ist die Gerade-weil-Technik zu empfehlen:

Anmache: *„Ihre Auffassung zeigt mir, dass Sie meine Argumentation nicht verstanden haben."*

Antwort: *„Gerade weil ich Ihren Vorschlag sehr gut verstanden habe, bin ich dagegen."*

Anmache: *„Sie sind doch eine intelligente Frau, da müssten Sie dem doch zustimmen."*

Antwort: *„Gerade weil ich eine intelligente Frau bin, kann ich nicht zustimmen."*

Wann Sie diese Technik am besten einsetzen:
- Wenn man Sie verunglimpfen möchte.
- Wenn man Ihnen scheinbar schmeichelt.
- Wenn Sie keinen Streit wollen.
- Wenn Sie ein Verhältnis nicht belasten möchten.
- Wenn man Sie zu Recht kritisiert.

Und, ist Ihnen klar geworden, worauf es bei der Gerade-weil-Technik ankommt? Dann können Sie diese Form der Schlagfertigkeit jetzt selber ausprobieren.

TRAININGSPROGRAMM

Anmache 1: *„Sie haben die zehnte Klasse wiederholen müssen."*
Ihre Antwort:

_____

_____

Anmache 2: *„Sie sind immer so leger gekleidet."*
Ihre Antwort:

_____

_____

Anmache 3: *„Sie haben doch noch nie an einem solchen Konzept gearbeitet. Wie wollen Sie das denn schaffen?"*
Ihre Antwort:

_____

_____

Antwortvorschläge:
zu 1: *„Ja, das stimmt. Dafür habe ich jetzt viel bessere Noten und bin besonders in Englisch und Französisch sehr gut."*
zu 2: *„Da haben Sie völlig Recht. Gerade weil ich so angezogen bin, finde ich schnell einen Draht zu unseren jugendlichen Kunden. Das kommt gut an und schafft keine zusätzlichen Barrieren."*
zu 3: *„Das stimmt. Gerade deshalb kann ich für frischen Wind sorgen und neue Ideen einbringen."*

6. Die Notfall-Technik Nicht immer ist man gut drauf, nicht immer spontan und witzig. Trotzdem möchten Sie sicher auch für diesen Fall gerüstet sein und nicht wie ein „begossener Pudel" dastehen, wenn man Sie dumm von der Seite anmacht. Hier hilft die Notfall-Technik. Legen Sie sich ein paar Standardantworten zurecht. Ja, lernen Sie sie vielleicht sogar auswendig. Diese Technik eignet sich hervorragend für den Notfall, weil sie ein einfaches Schema hat. Manche Sätze können Sie wortwörtlich für unterschiedliche Formen der Anmache benutzen.

Beispiele:
Anmache: *„Sie sind aber auch dämlich."*
Antwort: *„Ach was."*

Anmache: *„Können Sie nicht lesen? Der Preis steht doch auf der Verpackung."*
Antwort: *„Sagen Sie bloß."*

Anmache: *„Das kriegen Sie niemals hin"*
Antwort: *„Soso."*

Der Vorteil dieser Methode liegt darin, dass eine solche Antwort Ihnen auch dann noch einfällt, wenn Sie partout keine bessere Idee haben. Hinzu kommt, dass Sie Energie sparen, weil eine Antwort nach diesem Muster schnell aus dem Ärmel geschüttelt werden kann.

Weitere Beispiele:
Anmache: *„Das war aber keine Glanzleistung von Ihnen."*
Antwort: *„Ich passe mich eben ganz meiner Umgebung an."*

Anmache: *„Arschloch!"*
Antwort: *„Angenehm, Müller."*

Um auf einfache Weise Ihr Desinteresse an dem, was der Angreifer gesagt hat, zum Ausdruck zu bringen, sind zwei weitere Antwortmöglichkeiten aus der „Notfall-Apotheke" sehr geeignet. Die Antworten lauten *„Schön für dich/Sie"* und *„Was Sie nicht sagen"*.

Beispiele:
Anmache: *„Ich kann mir nicht vorstellen, dass es jemand lange mit Ihnen aushält."*
Antwort: *„Was Sie nicht sagen."*

Anmache: *„Warum brauchst du bloß so lange? Ich hätte das längst erledigt.“*
Antwort: *„Schön für dich.“*

Wann Sie diese Technik am besten einsetzen:
- Wenn Sie keine Lust haben, sich zu streiten.
- Wenn sich ein Wichtigtuer aufplustert.
- Wenn der Angriff es nicht wert ist, sich damit auseinander zu setzen.
- Wenn Sie die Angelegenheit lieber später klären wollen.

Probieren Sie doch einfach mal aus, wie die Notfall-Technik funktioniert.

TRAININGSPROGRAMM

Anmache 1: *„Sie sägen an dem Ast, auf dem Sie sitzen.“*
Ihre Antwort:

_____

_____

Anmache 2: *„Ich könnte mir gar nicht mehr vorstellen, mit so einem alten Auto zu fahren.“*
Ihre Antwort:

_____

_____

Anmache 3: *„Das müssen Sie aber künftig anders machen.“*
Ihre Antwort:

_____

_____

Antwortvorschläge:
zu 1: *„Was Sie nicht sagen.“*
zu 2: *„Schön für dich.“*
zu 3: *„Ach was.“*

7. Die Abgrenzungs-Technik Beleidigungen haben es in sich. Drei, vier Wörter reichen manchmal aus, dass wir so richtig wütend werden und ohne groß nachzudenken auf der gleichen Ebene antworten. Denn wir haben das dringende Bedürfnis, uns bei demjenigen zu rächen, der uns da mir nichts, dir nichts auf die Palme bringt. Das ist verständlich, doch in aller Regel nicht die intelligenteste Art, mit solchen Verbalattacken umzugehen.

Besser ist es, dem Angreifer Grenzen zu setzen. Die Abgrenzungs-Technik ist bestens geeignet, um Ihre persönliche Würde zu sichern und das Gesicht zu wahren.

Machen Sie durch Mimik, Gestik und durch Worte deutlich: *„Hier bist du zu weit gegangen. Das lasse ich nicht mit mir machen."* Sprechen Sie mit ernster Stimme, schauen Sie Ihr Gegenüber eindringlich an und bringen Sie auf den Punkt, was da gerade geschehen ist.

Beispiele:
Anmache: *„Sie lügen doch dauernd."*
Antwort: *„Sie haben mich beleidigt."*

Anmache: *„Sie sind eine dumme Gans."*
Antwort: *„Sie haben mich gerade eine dumme Gans genannt. Das ist beleidigend."*

Anmache: *„Du machst es doch mit jedem."*
Antwort: *„Du wirst ausfallend."*

Anmache: *„Was machen Sie denn da schon wieder?"*
Antwort: *„Das geht Sie gar nichts an."*

Anschließend sollten Sie klar und deutlich sagen, was Sie von Ihrem Gegenüber erwarten:
„Ich erwarte, dass Sie sich dafür entschuldigen."
„Ich erwarte, dass du künftig solche Bemerkungen unterlässt."
„Ich möchte, dass Sie in einem anderen Ton mit mir reden."

Für den Fall, dass Ihr Gegenüber keine Ruhe gibt, immer weiter wütet und Sie vielleicht sogar noch einmal beleidigt, sagen Sie deutlich:
„Sie vergreifen sich schon wieder im Ton. Das lasse ich nicht mit mir machen. Wir können uns weiter unterhalten, wenn Sie wieder sachlich werden."

Lassen Sie den Angreifer deutlich spüren, wie sehr er Ihre Grenzen verletzt hat. Wenn er versucht, sich herauszureden, wiederholen Sie Ihre Forderung:
„Sie haben mich beleidigt. Ich erwarte, dass Sie sich dafür entschuldigen."

Denken Sie auch an die Wirkung Ihrer Körpersprache. Wenn Ihr Chef Sie beispielsweise zur Schnecke machen will und deutlich den falschen Ton anschlägt, dann sagen Sie, dass Sie so nicht mit sich reden lassen. Und stehen Sie auf. Hiermit zeigen Sie deutlich, dass er mit Ihnen nicht machen kann, was er will. Sie sind sich Ihrer Stärke bewusst. Sie stehen mit beiden Beinen auf dem Boden. Dies ist Ihre Position. Niemand darf Ihre Grenze überschreiten.

Dieser verbale und zugleich körpersprachliche Ausdruck wird seine Wirkung nicht verfehlen, zumal Ihr Chef sehr wahrscheinlich davon überrascht wird. Die meisten Menschen werden, wenn der Boss sie kritisiert, immer kleiner und kleiner, lassen die Schultern hängen und ziehen den Kopf ein. So wie zu Kinderzeiten, wo man die Verkündung der Strafe von Mama, Papa oder dem Lehrer erwartete. Aber denken Sie daran: Die Zeiten sind nun wirklich längst vorbei, dass man Sie wie ein kleines, dummes Mädchen behandeln konnte. Seien Sie selbstbewusst und grenzen Sie sich ab. Und denken Sie immer an den folgenden Satz:
„Ich habe das Recht, mit Respekt behandelt zu werden."

Wann Sie diese Technik am besten einsetzen:
- Wenn sich jemand im Ton vergreift.
- Wenn Ihre persönliche Würde verletzt wird.
- Wenn Kritik unsachlich wird.

Üben Sie die Abgrenzungs-Technik an folgenden Beispielen.

Anmache 1: *„Sie haben doch nicht mehr alle Tassen im Schrank."*
Ihre Antwort:

_____

_____

Anmache 2: *„Sie sind eine Null, Sie können nichts und werden nie was können."*
Ihre Antwort:

_____

_____

Anmache 3: *„Hören Sie zu, Sie blöde Pute, wenn ich mit Ihnen rede."*
Ihre Antwort:

_____

_____

Antwortvorschläge:
zu 1: *„Sie haben mich beleidigt. Ich erwarte, dass Sie sich entschuldigen."*
zu 2: *„Sie haben mich eine Null genannt. Das ist beleidigend. Ich verlange eine Entschuldigung."*
zu 3: *„Ich rede erst dann wieder mit Ihnen, wenn Sie in einem normalen Ton mit mir sprechen. Ich lasse mich nicht beleidigen."*

Die weichen Schlagfertigkeitstechniken
1. Die Hörfehler-Technik Diese Methode basiert auf folgendem Prinzip: Sie reagieren auf eine Attacke so, als hätten Sie etwas ganz anderes verstanden. Sie verhören sich also absichtlich. Damit der Angreifer auch merkt, dass Sie vermeintlich etwas anders verstanden haben, geben Sie das angeblich Gesagte wieder. Dabei wird dann klar, was Sie „missverstanden" haben.

Beispiele:
Vorwurf: *„Sie reden immer um den heißen Brei herum."*
Antwort: *„Rum? Oh, nein danke, Alkohol trinke ich nicht so früh am Tag."*

Vorwurf: *„Mensch, Sie sind vielleicht ein Schaf."*
Antwort: *„Kein Schlaf – wem sagen Sie das. Bei Vollmond kriege ich einfach kein Auge zu."*

Vorwurf: *„Was für ein Angeber!"*
Antwort: *„Ein Handfeger – ich bitte Sie. Das Saubermachen können Sie nun wirklich den Reinigungskräften überlassen."*

Tun Sie so, als hätten Sie einen Hörfehler. Sie hören Wörter, die ganz ähnlich klingen wie das Gesagte, nur eben etwas ganz anderes bedeuten. Diese Technik eignet sich, wenn andere versuchen, Sie zum Beispiel bei einer Rede mit unqualifizierten Äußerungen aus dem Konzept zu bringen. Die Hörfehler-Technik bietet den Vorteil, dass Sie scheinbar auf die Bemerkung eingegangen sind und direkt mit Ihrem Vortrag fortfahren können.

Sie denken, Ihr Gegenüber wird sich womöglich veräppelt fühlen, wenn er merkt, dass Sie sich absichtlich verhören? Wo liegt das Problem? Wenn man Ihnen dumm kommt, muss man doch wohl mit einer ebenso dummen Antwort rechnen, oder?

Diese Technik empfehle ich selbstverständlich nicht, um ein ernsthaftes Gespräch einzuleiten. Aber manchmal wird man mit extremer Blödheit konfrontiert und da darf die Reaktion dann ruhig auch blödsinnig ausfallen. Der Vorteil dieser Hörfehler-Methode liegt zudem darin, dass Sie Ihre Nerven schonen und sich von idiotischen Bemerkungen nicht provozieren lassen.

Allerdings sollten Sie diese Technik nicht allzu häufig anwenden, weil sie sich stark abnutzt. Fein dosiert sorgt sie jedoch für Überraschungseffekte, die die gewünschte Wirkung erzielen.

Wann Sie diese Technik am besten einsetzen:
- Wenn keine Chance mehr für ein sachliches Gespräch besteht.
- Wenn Ihnen egal ist, welches Verhältnis Sie hinterher zu dieser Person haben.
- Wenn man versucht, Sie extrem zu provozieren oder Scherze auf Ihre Kosten macht.
- Wenn man Ihnen dumm kommt.

Probieren Sie jetzt selbst, passende Antworten nach der Hörfehler-Technik zu finden.

TRAININGSPROGRAMM

Anmache 1: *„Sie wissen doch gar nicht, was Sie da sagen."*
Ihre Antwort:

_____

_____

Anmache 2: *„Sie lassen nie jemanden ausreden."*
Ihre Antwort:

_____

_____

Anmache 3: *„Mensch, man braucht viel Geduld mit dir."*
Ihre Antwort:

_____

_____

Antwortvorschläge:
zu 1: *„Was, Sie haben's am Magen? Das tut mir Leid."*
zu 2: *„Sie möchten einen ausgeben? Was gibt es denn zu feiern?"*
zu 3: *„Gut, wenn du unbedingt willst, dann trink ruhig ein Bier."*

2. Die Honig-um-den-Bart-Technik Eine perfide Art, einem Angriff die Speerspitze zu nehmen, ist das Verteilen von Komplimenten. Schmieren Sie Ihrem Gesprächspartner so richtig Honig um den Bart – es wird ihn schachmatt setzen. Empfehlenswert ist diese Technik bei arroganten Wichtigtuern. Niemals, sagen Sie, denen soll ich auch noch Komplimente machen? Ja, wenn's Ihrem Zweck dient, warum nicht? Diese Technik ist deshalb bei diesen Menschen so erfolgreich, weil sich hinter der Überheblichkeit sehr oft ein großes Minderwertigkeitsgefühl verbirgt. Wer nach außen arrogant auftritt, versucht damit die inneren Schwachstellen zu übertünchen. Wenn Sie sich das klarmachen, fällt es Ihnen vielleicht nicht mehr so schwer, Menschen zu loben oder sie verbal anzuerkennen, obwohl Sie doch eigentlich nur Verachtung für sie übrig haben. Teilen Sie hemmungslos Komplimente aus.

Beispiel:
Angreifer: *„Ich muss Sie da korrigieren. Ich habe Recht, wie ich ja auch schon in meinem Buch hinreichend bewiesen habe."*
Mögliche Antwort: *„Ich bin von Ihrem Wissen und Ihrer Urteilskraft tief beeindruckt."*
Oder: *„Einfach klasse. Ihnen kann keiner das Wasser reichen."*
Oder: *„Ich bin Ihnen dankbar, dass Sie mir so wunderbar weiterhelfen konnten."*

Sie finden, das ist zu übertrieben? Der andere meint womöglich, dass Sie ihm etwas vormachen? Na und! Ob übertrieben oder nicht, Sie können Ihr Gegenüber in jedem Fall heftig aus dem Konzept bringen. Wenn er glaubt, dass Sie es ernst meinen, wundert er sich: „Nanu – das ist mir noch nie passiert." Bisher wirkte seine arrogante Art wahrscheinlich eher abschreckend und machte andere wütend. Wie soll er nun Ihre Reaktion verstehen?

Merkt der Angreifer, dass Sie ihn veräppeln, wird er verärgert sein. Wenn das Ihr Ziel ist – bitte. Wenn nicht, dann sollten Sie sich selbstverständlich beim Austeilen der Lobhudeleien etwas bremsen. Überlegen Sie sich also, was Sie erreichen wollen. Genügt Ihnen ein bisschen Verwirrung, dann halten Sie sich ein wenig zurück. Wollen Sie es dem anderen so richtig geben, dann tauchen Sie tief in den Honigtopf und schmieren ihm ordentlich von dem süßen Saft um den Mund.

Wann Sie diese Technik am besten einsetzen:
- Wenn Sie es mit einem extrem arroganten Gegenüber zu tun haben.
- Wenn Sie mit dem Gegenüber hinterher noch auskommen müssen, sollten Sie es mit dem Loben nicht übertreiben, sonst fühlt er sich richtig veräppelt und ist zu keinem Gespräch mehr bereit.

Versuchen Sie sich einmal im Honig-um-den-Bart-Schmieren.

Anmache 1: *„Wenn Sie so denken, dann wird es nie etwas mit Ihrer Karriere.“*
Ihre Antwort:

_____

_____

Anmache 2: *„In Ihrem Alter war ich schon sehr viel weiter.“*
Ihre Antwort:

_____

_____

Anmache 3: *„Ihr Konzept wird nicht klappen – ich weiß es.“*
Ihre Antwort:

_____

_____

Antwortvorschläge:
zu 1: *„Ich könnte Ihnen stundenlang zuhören.“*
zu 2: *„Von Ihnen kann man so viel lernen, ich bin beeindruckt.“*
zu 3: *„Ihre Weitsicht begeistert mich.“*

3. Die Asche-auf-mein-Haupt-Technik   Bei jedem Vorwurf oder
jeder Anmache haben Sie die Wahl: Steigen Sie darauf ein und zahlen
mit gleicher Münze zurück oder reagieren Sie nicht? Wenn Sie darauf
eingehen, führt das zweifellos dazu, dass die Stimmung, um es vorsichtig auszudrücken, etwas leidet. Aber manchmal – das kennen Sie
sicher – ist einem einfach danach, und es geht einem deutlich besser,
wenn man mal Wut abgelassen hat. Auch kann es unbedingt erforderlich sein, dem Gegenüber die Grenzen aufzuzeigen (siehe auch
„Abgrenzungs-Technik“, Seite 64 ff.).
   Die Alternative: Sie tun alles, um zu einer Deeskalation der Situation
beizutragen. Sie verzichten auf eine harte Auseinandersetzung, weil Sie
mit Ihrem Chef noch länger zusammenarbeiten möchten oder müssen.
Sie nehmen sich beim Nachbarschaftsstreit lieber zurück, weil sie sich
nicht schon wieder auf die Suche nach einer neuen Wohnung machen

wollen. Oft sind also „höhere Interessen" maßgeblich. Da empfiehlt sich die Asche-auf-mein-Haupt-Technik. Manchmal ist es einfach besser, sich zu entschuldigen, Verständnis für den Ärger der Gegenseite zu zeigen oder zumindest nicht Kontra zu geben, wenn Ihnen etwas vorgeworfen wird.

Beispiele:
Anmache: *„Immer lässt du alles stehen und liegen, und ich muss dir die Sachen hinterherräumen."*
Antwort: *„Es tut mir Leid, dass ich nicht aufgeräumt habe. Ich werde mich bemühen, künftig ordentlicher zu sein."*

Anmache: *„Sie sind schon wieder zu spät gekommen."*
Antwort: *„Ich verstehe, dass Sie ärgerlich sind. Das wäre ich an Ihrer Stelle wahrscheinlich auch. Ich werde mich bemühen, künftig pünktlich zu kommen."*

Anmache: *„Ich habe Ihnen gesagt, dass Kollege Meier für dieses Projekt zuständig ist. Warum schicken Sie die Unterlagen zu Frau Schmidt?"*
Antwort: *„Ich habe mich geirrt. Ich weiß, Sie haben mich darauf hingewiesen. Entschuldigung."*

Versuchen Sie nicht, sich für Ihr Fehlverhalten zu rechtfertigen. Der Fehler lässt sich dadurch auch nicht rückgängig machen und Ihr Gegenüber wird das in der Regel kaum besänftigen. Ganz im Gegenteil. Wenn Sie Erklärungen für Ihr Fehlverhalten suchen, dann schieben Sie die Verantwortung lediglich ab: *„Ich bin zu spät gekommen, weil die S-Bahn ausgefallen ist."* Eine Entschuldigung hingegen nimmt dem Wütenden den Wind aus den Segeln – man muss nicht mehr auf Sie einreden und Sie von Ihrem Fehlverhalten überzeugen. Sie haben ja längst zugegeben, etwas falsch gemacht zu haben. Und die Erfahrung lehrt: Menschen können am besten verzeihen, wenn jemand seine Schuld eingesteht.

Beispiele:

Anmache: *„Ich musste den Kunden vertrösten, nur weil Ihre Unterlagen nicht rechtzeitig fertig wurden."*

Antwort: *„Ich weiß, Sie haben durch mich große Probleme bekommen. Ich hätte Ihnen rechtzeitig sagen sollen, dass die Unterlagen noch nicht fertig sind. Das war mein Fehler. Können Sie mir noch einmal verzeihen?"*

Wer kann bei einer solchen Bitte noch hart bleiben?

Wann Sie diese Technik am besten einsetzen:
- Wenn Sie ein „höheres Ziel" verfolgen.
- Wenn Sie das Verhältnis zu der betreffenden Person nicht belasten wollen.
- Wenn Sie keine Lust auf Auseinandersetzungen und Wortgefechte haben.

Sehen Sie selbst, die Asche-auf-mein-Haupt-Technik ist gar nicht so schwer.

TRAININGSPROGRAMM

Anmache 1: *„Sie haben sich verrechnet. Ich musste bis gestern am späten Abend alles noch einmal nachrechnen."*

Ihre Antwort:

_____

_____

Anmache 2: *„Sie haben die Adressen verwechselt. Was meinen Sie, wie peinlich mir das gegenüber dem Kunden war."*

Ihre Antwort:

_____

_____

Anmache 3: *„Sie haben sich für das falsche Angebot entschieden. Ich habe Ihnen doch extra gesagt, worauf Sie achten müssen!"*

Ihre Antwort:

_____

_____

Antwortvorschläge:

zu 1: *„Es tut mit Leid, dass Sie meinetwegen solche Umstände hatten. Dafür möchte ich mich entschuldigen."*

zu 2: *„Ich verstehe, dass Sie wütend sind. Da habe ich einen Fehler gemacht. Es tut mir Leid."*

zu 3: *„An Ihrer Stelle wäre ich genauso verärgert. Ich habe da falsch entschieden. Ich hoffe, Sie können mir noch einmal verzeihen."*

4. Die Ja-ganz-genau-Technik *„Mensch, Sie sind aber dick geworden!"* – *„Ja klasse, ne, sieht man's?"*

An diesem Beispiel wird sehr deutlich, worum es bei der Ja-ganz-genau-Technik geht: Indem Sie völlig unerwartet zu dem stehen, was man Ihnen vorwirft, entkräften Sie den Vorwurf. Sie zeigen damit: Ich akzeptiere die Werte, die du vorgibst, nicht. Der andere denkt offensichtlich: *„Nur schlank ist schön, dick ist hässlich."* Wenn Sie sich aber weigern, dieses Denken zu teilen, dann verliert der Vorwurf seine zerstörerische Kraft.

Sie können mit dieser Technik auf Beleidigungen und Herabsetzungen verschiedenster Art reagieren: Ob der Angriff auf Ihre Körpergröße zielt, Ihr Auto, Ihren Gehstil, Ihre Liebe als Frau zu Frauen, Ihre Vorliebe für bestimmtes Essen oder Kleidung, Ihre Art zu sprechen oder zu lachen, Ihre Begeisterung für bestimmte Musik oder was auch immer.

Ganz gleich, was man Ihnen auch immer vorwerfen mag, Sie nehmen Ihrem Gegenüber den Wind aus den Segeln, indem Sie einfach zustimmen. Auch hier wird wieder deutlich, wie wichtig ein gesundes Selbstbewusstsein ist. Wenn Sie zu dem stehen, was Sie tun oder mögen, haben Attacken keine Chance. Sie ziehen erst dann den Kürzeren, wenn Sie sich auf die Wertvorstellung des Angreifers einlassen. Ihr Gegenüber kann Ihr Verhalten verwerflich finden – na und. Was kratzt das Sie?

Statt mit „Ja genau", können Sie natürlich auch anders antworten.

Beispiele:
Vorwurf: *„Du lachst immer so gackernd."*
Antwort: *„Ja, ich weiß, das ist richtig mitreißend."*

Vorwurf: *„Du hast aber schon viele Falten."*
Antwort: *„Ja, gut beobachtet."*

Vorwurf: *„Du liest nur Kitschromane."*
Antwort: *„Ja, je kitschiger, desto besser."*

Vorwurf: *„Was, Sie haben noch nie von Umberto Eco gehört?"*
Antwort: *„Nein, von wem sprechen Sie?"*

Entziehen Sie der Verbalattacke den Boden, indem Sie ihr zustimmen. Weigern Sie sich, so zu denken wie Ihr Gegenüber. Bekräftigen Sie die Anmache mit *„Richtig!"*, *„Was Sie nicht sagen"*, *„Das sehe ich ganz genauso"* oder *„Nein, wer soll das sein?"*

Wann Sie diese Technik am besten einsetzen:
- Wenn Sie wegen Ihres Äußeren oder Ihrer Art zu leben angegriffen werden.
- Wenn Wichtigtuer Sie beleidigen wollen.
- Wenn man Ihnen etwas unterstellt.

Nun wieder drei Übungen: Überlegen Sie sich, wie Sie auf folgende Verbalattacken reagieren würden.

TRAININGSPROGRAMM
Anmache 1: *„Ihre Bluse hat einen Schmutzrand."*
Ihre Antwort:

_____

_____

Anmache 2: *„Du becherst ja ganz schön."*
Ihre Antwort:

_____

_____

Anmache 3: *„Sie reden total laut."*
Ihre Antwort:

_____

_____

Antwortvorschläge:
zu 1: *„Ja, und die Schuhe erst."*
zu 2: *„Was du nicht sagst."*
zu 3: *„Ich weiß, mich kann jeder gut verstehen."*

5. Die Auszeit-Technik Wenn Ihnen nun partout keine Antwort einfallen will, bleibt Ihnen immer noch diese sanfte Technik, mit der Sie sich eine persönliche Auszeit zum Nachdenken verschaffen können. Fühlen Sie sich von einer Attacke richtig überrumpelt, greifen Sie am besten auf die Auszeit-Technik zurück.

Werden Sie also gedrängt oder genervt mit einer Aufforderung wie: *„Sie sollten sich schon mal äußern, was Sie wollen"*, dann können Sie zum Beispiel folgendermaßen antworten: *„Sie werden verstehen, dass ich dazu auf die Schnelle nichts sagen möchte. Gedulden Sie sich zwei Tage"*, oder: *„Morgen bekommen Sie von mir Bescheid, wie ich darüber denke."*

Mit dieser Methode sorgen Sie dafür, dass ein Angreifer erst einmal perplex ist – vor allem, wenn Sie auf eher ironische Art und Weise antworten.

Beispiel:
Anmache: *„Weißt du was, du hast sie doch nicht mehr alle."*
Antwort: *„Du, passt es dir morgen um drei? Dann werde ich dir sagen, wie ich darüber denke."*

Bei Politikerinnen und Politikern lässt sich sehr gut beobachten, wie sie sich diese Technik zunutze machen. Sie verschaffen sich Zeit, indem Sie auf andere Themen ausweichen oder angeben, noch weitere Informationen zusammentragen zu müssen, um etwas sagen zu können.

Beispiele:
Frage eines Journalisten: *„Werden Sie persönliche Konsequenzen aus der Parteispendenaffäre ziehen?"*
Antwort: *„Sie werden dafür Verständnis haben, dass erst alle Details ganz genau geprüft werden müssen, bevor ich mich dazu äußere."*

Frage einer Journalistin: *„Was sagen Sie zu dem schlechten Abschneiden Ihrer Partei bei dieser Wahl?"*
Antwort: *„Lassen Sie mich zuerst den Wählerinnen und Wählern draußen im Lande danken, den vielen Helferinnen und Helfern, die alles Erdenkliche getan haben, um den Wahlkampf erfolgreich zu bestreiten. Wir haben ..."*

Frage: *„Wie erklären Sie den Wählerschwund?"*
Antwort: *„Sie können die Frage so nicht stellen ... Sie müssen davon ausgehen, dass ..."*

Politikerinnen und Politiker trainieren regelrecht, wie sie direkte Antworten umgehen können. Die Strategie besteht darin, ein Stichwort aus einer Frage aufzugreifen und sich nun dazu ausführlich zu äußern. Scheinbar ist man auf die Frage eingegangen – aber eben nur scheinbar. Oft gelingt dieses Ausweichmanöver außerordentlich gut.

Wann Sie diese Technik am besten einsetzen:
- Wenn Sie von dem Angriff bzw. der Frage völlig überrascht werden.
- Wenn Sie von dem Angriff bzw. der Frage ablenken wollen.
- Wenn Sie einen Black-out haben.

Testen Sie doch einmal selbst, ob Sie die Auszeit-Technik beherrschen. Welche Antworten fallen Ihnen auf folgende Sprüche ein?

Anmache 1: *„Hier müssen Sie sofort zugreifen. Ein so günstiges Angebot bekommen Sie nicht noch einmal."*
Ihre Antwort:

_____

_____

Anmache 2: *„Was haben Sie sich nur dabei gedacht? Erklären Sie das mal."*
Ihre Antwort:

_____

_____

Anmache 3: *„Sie sind einfach zu blöd."*
Ihre Antwort:

_____

_____

Antwortvorschläge:
zu 1: *„Darüber muss ich in Ruhe nachdenken, ich gebe Ihnen Bescheid."*
Anmerkung: Vielleicht wird Ihr Gegenüber weiter versuchen, Sie unter Druck zu setzen, weil ein so gutes Angebot nur heute besteht. Lassen Sie sich nicht ins Bockshorn jagen. Wenn großer Zeitdruck ausgeübt wird, ist die Sache oft „faul".
zu 2: *„Ich möchte mich genau über die Einzelheiten informieren. Sie werden Verständnis haben, dass ich mich erst dann dazu äußere."*
zu 3: *„Ich werde Ihnen morgen sagen, wie ich über Ihre Haltung denke."*

6. Die Durchzug-Technik Bei dieser Methode handelt es sich im engeren Sinne eigentlich gar nicht um eine Schlagfertigkeitstechnik – schließlich holt man mit der Durchzug-Technik nicht zum verbalen Gegenschlag aus. Man tut viel mehr so, als habe es gar keinen Angriff gegeben.

Ich habe zuvor beschrieben, dass Schlagfertigkeit verstanden werden kann als die prompte sprachliche, mit einer guten Prise Frechheit gewürzte Reaktion auf einen unerwarteten verbalen Angriff.

Aber das setzt natürlich voraus, dass Sie überhaupt reagieren wollen. Doch das müssen Sie nicht immer. Überlegen Sie sich vorher, ob Sie sich die Mühe machen wollen, Ihre grauen Zellen in Bewegung zu setzen, um sich eine Retourkutsche zu überlegen. Oder ist es der Sprücheklopfer vielleicht gar nicht wert, dass Sie Ihre Energie für ihn verschwenden? Die Entscheidung liegt bei Ihnen – machen Sie sich das klar. Oft will man Sie ja mit einer spitzen Bemerkung nur auf die Palme bringen. Möchten Sie Ihrem Gegenüber wirklich diesen Triumph gönnen?

Manchmal ist mehr gewonnen, wenn Sie Ihre Ohren bei einer Verbalattacke auf Durchzug schalten. Damit können Sie Ihren Gegner oft viel härter treffen als mit einer spontanen Antwort. Für manche Menschen gibt es nämlich nichts Schlimmeres als ignoriert zu werden. Mit minimalem Aufwand erreichen Sie somit die größte Wirkung.

Vielen fällt es schwer, gar nicht zu reagieren. Sie denken: „Sieht das dann nicht so aus, als wüsste ich nichts zu sagen und schweige deshalb? Das wäre doch für den Angreifer der größte Erfolg." Wichtig ist in solchen Fällen, dass Sie körpersprachlich Stärke demonstrieren. Grinsen Sie dem Angreifer frech ins Gesicht, lächeln Sie weise vor sich hin oder durchbohren Sie den anderen mit Ihrem Blick, ohne ein Wort dabei zu sagen. Schütteln Sie lachend den Kopf – ganz so, als ob Sie sagen wollten: „Armer Idiot, dem kann wirklich keiner mehr helfen." Kümmern Sie sich dann nicht weiter um die Person, und lassen Sie sich auch – falls weitere Provokationen folgen – nicht darauf ein.

An der Durchzug-Technik wird sehr deutlich, dass die schlagfertige Antwort nicht immer das Mittel der Wahl ist, weil man mitunter viel wirksamer durch Schweigen oder entsprechende Körpersprache kontern kann.

Wann Sie diese Technik am besten einsetzen:
- Wenn Sie Energie sparen wollen.
- Wenn man Sie provozieren möchte.
- Wenn Sie die Beziehung zu Ihrem Gegenüber nicht gefährden möchten.

Wie kann man sich die Techniken merken?

Wer sich zum ersten Mal mit Schlagfertigkeitstechniken beschäftigt, wird vielleicht denken: Wie soll ich mir das alles nur merken? Wie schaffe ich es, diese Vielzahl an Möglichkeiten zu beherrschen? Folgende Schritte helfen Ihnen weiter:

1. Keine Panik – Sie haben die Wahl
2. Standardantworten auswendig lernen
3. Übung macht die Meisterin
4. Auf Einwände vorbereitet sein

Was genau ist damit gemeint?

1. Keine Panik – Sie haben die Wahl

Bleiben Sie locker. Sie müssen nicht alle Techniken beherrschen. Überlegen Sie, welche Methoden zu Ihnen, zu Ihrer Art zu sprechen und zu Ihrer bevorzugten Art des Umgangs passen.

2. Standardantworten auswendig lernen

Als Sofortmaßnahme empfehle ich Ihnen, einige Standardantworten auswendig zu lernen. Blättern Sie zurück. Wählen Sie Antworten aus, die Ihnen gefallen haben. Am besten eignet sich natürlich die Notfall-Technik zum Auswendiglernen. Denn die Antworten passen immer. Auch die Rückfrage-Technik ist schnell erlernbar: *„Wie meinen Sie das genau?", „Was fehlt, damit es Ihnen gefällt?"*

3. Übung macht die Meisterin

Der dritte Schritt, um in Sachen Schlagfertigkeit voranzukommen, ist der mühsamste. Er lautet: üben, üben, üben. Wenn Sie die Trainingsprogramme absolviert haben, dann werden Sie schon einen großen Schritt weiter sein. Als zusätzliche Übung empfehle ich Ihnen, mit einem Vorwurf, den Sie vielleicht irgendwo aufgeschnappt haben, die von

Ihnen bevorzugten Techniken durchzugehen. Beispiel: Sie hören die Anmache: *„Sie haben sich hier aber ein Ding geleistet. Was soll denn das?"* Diesen Spruch nehmen Sie und versuchen, mithilfe der hier vorgestellten Techniken eine Antwort zu finden. Sie werden sehen, je öfter Sie das probieren, desto leichter wird es Ihnen fallen.

4. Auf Einwände vorbereitet sein

Und last but not least: Machen Sie es wie Winston Churchill. Der hat sich auf sein stark ausgeprägtes Schlagfertigkeitstalent nicht verlassen und sich, wenn möglich, auf potenzielle Einwände, Gegenfragen und Provokationen vorbereitet. Überlegen Sie beispielsweise, wenn Sie einen Vortrag schreiben: Kann ich einen „Köder" auslegen, also eine Provokation, eine gewagte These oder eine Randbemerkung, auf die das Publikum bestimmt Bezug nimmt? Und wie kann ich dann – scheinbar spontan – darauf reagieren? Oder Sie müssen im Job eine Präsentation vorbereiten. Denken Sie nicht: Hoffentlich hält Kollege Schmidt, dieser Quertreiber, diesmal wenigstens den Mund. Nein, machen Sie sich vielmehr Gedanken darüber, womit zu rechnen ist.

Was ist typisch für den Kollegen und wie gehen Sie damit am besten um? Welche Schlagfertigkeitstechnik ist für seine Art von Sprüchen genau die richtige? Sie glauben gar nicht, was das für ein gutes Gefühl ist, für den Fall der Fälle eine Erwiderung parat zu haben. Das gibt Ihnen Selbstbewusstsein und verleiht Ihnen eine sichere Ausstrahlung. Wer weiß, vielleicht wagt Kollege Schmidt gar nicht mehr den Versuch, Sie durch blöde Bemerkungen aus dem Konzept zu bringen, weil er Ihre neue Stärke spürt und unbewusst wahrnimmt, dass Sie gewappnet sind und sich nicht mehr so leicht aus der Fassung bringen lassen.

Schlagfertigkeit nicht um jeden Preis

Wenn Sie sich noch einmal das Prinzip der weichen Schlagfertigkeitstechniken vergegenwärtigen, dann wird Ihnen klar werden, dass man nicht immer mit harten Bandagen zurückschlagen oder überhaupt kontern muss, um etwas zu erreichen.

Schlagfertigkeit um jeden Preis kann nicht das Ziel sein. Überlegen Sie also: Sind die Sprüche, die man Ihnen an den Kopf wirft, beleidigend, gehen sie unter die Gürtellinie? Dann ist es durchaus ratsam, zurückzuschießen. Gibt es für Sie jedoch ein höher gestelltes Interesse und Sie wollen es sich – aus welchen Gründen auch immer – mit der entsprechenden Person nicht verscherzen, dann schalten Sie in Sachen Schlagfertigkeit einen Gang zurück.

Es liegt ganz bei Ihnen, die Situation richtig einzuschätzen und abzuwägen, wie spitz die Zunge sein soll, mit der Sie antworten – und vor allem, ob Sie überhaupt antworten (siehe „Durchzug-Technik", Seite 77 ff.).

Attack the problem, not the person

Grundsätzlich kann es nicht darum gehen, den anderen fertig zu machen und seine Bosheiten mit gleicher Münze zurückzuzahlen. Ziel der Schlagfertigkeit ist es vielmehr, die eigene Souveränität wiederherzustellen, und nicht, Ihr Gegenüber zutiefst zu kränken. Sie wissen aus eigener Erfahrung, wie lange es unter Umständen an einem nagen kann, wenn man einen blöden Spruch, eine unsachliche Kritik oder eine gemeine Beleidigung gesagt bekommen hat. So dumm und provozierend die Verbalattacke Ihres Gegenübers auch sein mag, wollen Sie sich auf dieses Niveau herab begeben? Machen Sie sich doch besser eine Devise zu Eigen, die angehende amerikanische Managerinnen und Manager schon im Studium lernen: „Attack the problem, not the person." Behaupten Sie Ihren Standpunkt, und seien Sie in der Sache hart, aber verletzen Sie möglichst nicht die Würde des anderen.

Eine Gratwanderung

Denn eins ist klar: Die Beziehung wird bestimmt nicht besser, wenn man eine knackige Antwort findet, die vielleicht direkt in eine Wunde trifft. Schlagfertigkeit ist nicht dazu geeignet, Streit zu schlichten – ganz im Gegenteil. Möglicherweise beginnt ein Kleinkrieg, der Ihnen auf die Dauer den letzten Nerv raubt. Andererseits muss jemand, der es darauf abgesehen hat, Sie zu verletzen, in seine Schranken verwiesen werden (siehe „Abgrenzungs-Technik", Seite 64 ff.). Sie sehen schon: Schlagfertigkeit richtig anzuwenden, ist eine echte Gratwanderung. Wie weit gehe ich und was richte ich an? sollten grundlegende Überlegungen sein, bevor Sie zu diesen Methoden greifen.

In folgender Checkliste sind die wichtigsten Punkte in Sachen Schlagfertigkeitstechniken zusammengefasst:

CHECKLISTE

- **Oberstes Ziel der Schlagfertigkeit ist es, die eigene Souveränität wiederherzustellen.**
- **Machen Sie sich mit den Schlagfertigkeitstechniken vertraut.**
- **Überlegen Sie, ob der harte oder der weiche Weg der geeignetere ist.**
- **Lernen Sie Standardantworten für den Notfall auswendig.**
- **Haben Sie den Mut zum Frechsein.**
- **Setzen Sie Ihrem Gegenüber Grenzen, wenn man Ihre Würde verletzt.**
- **Denken Sie daran, wie verletzend eine schlagfertige Antwort sein kann.**
- **Machen Sie sich folgende Devise zu Eigen: „Attack the problem, not the person."**
- **Schlagfertigkeit schlichtet keinen Streit.**

Es ist also nicht immer mit einem schnellen Spruch oder einer flotten Antwort getan. Es gibt Situationen im Leben, da geht es um den Austausch von Argumenten, um das einfühlsame Zuhören und das eher bedächtige Antworten, zum Beispiel beim Beziehungstalk. Bevor ich darauf detailliert zurückkomme, möchte ich noch auf eine extreme Form der Belästigung eingehen, die oft weitaus gravierendere Folgen hat als ein Spruch oder eine Beleidigung. Die Rede ist von anonymen Anrufen.

Exkurs: Anonyme Anrufer

Terror am Telefon

„Pünktlich wie immer verließ der Verkaufsfahrer Alex Hallmann, 44, aus Holzminden seine Wohnung. Um 6.40 Uhr zog er die Tür hinter sich zu und ging die drei Treppen hinunter. Im Erdgeschoss blieb er plötzlich stehen. Komisch, dachte er, hier stimmt doch was nicht.

Die Wohnungstür seiner Nachbarin Johanna Vespermann, 69, stand einen Spalt weit offen. Es roch nach verbranntem Kunststoff. ‚Hallo', rief der Verkaufsfahrer hinein, ‚Frau Vespermann?' Kurz darauf wankte die Rentnerin heraus, zeigte ihm ihre verrußten Hände und schrie: ‚Meine Tochter ist vergewaltigt worden.' Dann torkelte sie zurück in die völlig verqualmte Wohnung, wo sie röchelnd zusammenbrach.

Dort brannten mehrere Plastikgardinen. Alex Hallmann schnappte sich schnell ein Kissen, erstickte die Flammen und riss die Fenster auf. Dann rief er die Polizei. Doch für die alte Frau kam (...) jede Hilfe zu spät. Johanna Vespermann starb an einer Rauchvergiftung.

Die zuckerkranke Witwe hatte die Gardinen selbst angezündet – offenbar auf Befehl eines so genannten ‚Schockanrufers'. Der hatte in der gleichen Nacht noch mindestens sechs andere Holzmindener Bürger am Telefon terrorisiert. ‚Der Anrufer hat versucht, mit Berichten über Unglücke und Straftaten Angst und Schrecken zu verbreiten', sagt Henning Stille, Sprecher der Polizei in Holzminden. Und dabei jedes Mal vorgegeben, Angehörige in seine Gewalt gebracht zu haben, und an deren Freilassung Forderungen geknüpft. Zum Beispiel: ‚Stecken Sie sofort Ihre Gardinen in Brand.'

Johanna Vespermann hatte dem geheimnisvollen Anrufer offenbar gehorcht. ‚Das Telefonat hat wahrscheinlich mehrere Stunden gedauert', sagt Polizeisprecher Stille, ‚vermutlich hat der Täter auch eine Frauenstimme imitiert und ›Mami, hilf mir‹ gefleht.'" [15]

Sexuelle Annäherungsversuche

Telefonterror ist weit verbreitet, auch wenn die meisten anonymen Anrufer nicht so weit gehen wie in oben zitiertem „Stern"-Artikel.

Bereits jede siebte Frau hat gemäß einer Umfrage schon einmal sexuelle Belästigung am Telefon erlebt. Die Befragung ist die erste repräsentative zu diesem Thema in der Bundesrepublik. Die Hälfte der von den Sozialpsychologinnen Sabine Sczesny und Dagmar Stahlberg interviewten 2613 Frauen wurden unfreiwillige Ohrenzeuginnen von sexuellen Aktivitäten der Anrufer. 26 Prozent gaben an, dass sie sexuelle Annäherungsversuche über sich ergehen lassen mussten, bei denen die Täter zum Beispiel sagten: *„Ich will dich bumsen."* Typisch auch: andauerndes Stöhnen. In 7 Prozent der Fälle drohte der Anrufer damit, vorbeizukommen. Eine Frauen berichtete: „Der Mann sagte, er werde mir auflauern und mich vergewaltigen. Ich war geschockt und legte sofort auf."[16]

Sehr „beliebt" bei Telefonbelästigern ist es, Mütter anzurufen und zu behaupten, man habe deren Kind in der Gewalt. Die Frauen werden dann zu sexuellen Handlungen aufgefordert, sonst lasse man das Kind nicht frei. Sehr häufig wird vorgegeben, „eine Aids-Umfrage" zu machen, in der die Anrufer anfangs harmlose, dann sehr intime Fragen stellen.

Sich an der Macht berauschen

Wer sind die Täter? Oft greifen Verwandte, Freunde, Nachbarn, Kollegen oder Bekannte zum Hörer. Durch genaue Kenntnisse der Lebensumstände können sie ihre Opfer gezielt unter Druck setzen. Nicht selten wollen sich verlassene Liebhaber auf diese Weise an Ihrer Ex-Partnerin rächen. Mit verstellter Stimme drohen Sie, Ihnen aufzulauern und Sie zu vergewaltigen. Manchmal schweigen sie auch und wollen durch nächtliche Anrufe die Frauen schlicht um den Schlaf bringen.

Fremde Männer finden die Telefonnummern ihrer Opfer oft in Zeitungsinseraten oder sie blättern einfach im Telefonbuch und suchen nach weiblichen Vornamen.

Generell lässt sich sagen, dass es sich bei den Tätern vielfach um gehemmte und ängstliche Menschen handelt, die sich an der Macht berauschen, die sie plötzlich über andere – vornehmlich Frauen – haben. Sie missbrauchen Sexualität als Mittel, um Frauen und Mädchen zu demütigen und zu beherrschen. Es hebt das Selbstwertgefühl der Täter, wenn sich bei den Frauen am anderen Ende der Leitung Angst und Schrecken breit machen.

Keine Bagatelle

Oft wird über solche Belästigungen gelacht. Doch Telefonterror ist keine Bagatelle. Nicht immer bleiben die Täter anonym und begnügen sich mit telefonischen Belästigungen. „Amerikanische Wissenschaftler fanden heraus, dass 38 Prozent der von ihnen befragten Serienvergewaltiger vorher obszöne Anrufe gemacht hatten. Auch später gefasste Serienmörder gaben zu, immer schon wahllos Nummern gewählt zu haben, bis sie Frauen dran hatten, die sie quälen konnten." [17]

Die Ängste von Frauen sind also durchaus berechtigt. Aus der oben genannten Umfrage von Sabine Sczesny und Dagmar Stahlberg geht hervor, dass viele Frauen erheblich darunter leiden. Fast ein Fünftel gab an, dass sie nur mittelmäßig oder sogar schlecht über den Telefonterror hinweggekommen sind.

Was tun bei anonymen Anrufen? Viele Frauen sind verängstigt und wissen nicht, wie Sie mit anonymen Anrufen umgehen sollen. In der folgenden Checkliste finden Sie bewährte Abwehrtipps.

CHECKLISTE

- Bleiben Sie möglichst ruhig, und versuchen Sie, Ihre Angst nicht zu zeigen. Es ist ja gerade das Ziel des Täters, Ihnen Furcht einzuflößen. Sagen Sie ihm nicht, dass Sie allein zu Hause sind.
- Behauptet der Anrufer, ein Familienmitglied in seiner Gewalt zu haben, fragen Sie, wie die Person aussieht, und fordern Sie, mit Ihrem Angehörigen selber sprechen zu können. Oft legt der Anrufer dann gleich auf. Es ist übrigens nicht üblich, Todesnachrichten oder ärztliche Befunde per Telefon mitzuteilen. Sind Sie unsicher, ob es sich um einen seriösen Anrufer handelt, dann bitten Sie um seinen Namen, den der In-

stitution und um die Telefonnummer. Überprüfen Sie, ob diese Einrichtung im Telefonbuch aufgeführt wird. Auf alle Fälle sollten Sie keine Anweisungen befolgen oder allein irgendwohin fahren.

- Legen Sie sofort auf. Es ist bewiesen, dass ein Drittel der Täter kein zweites Mal anruft. Sollte sich der Täter doch wieder melden, wenden sie die Konfrontationsmethode an. Ich habe selbst die Erfahrung gemacht, dass sie recht erfolgreich sein kann. Vor Jahren hatte ich es mit einem anonymen Anrufer zu tun, der ins Telefon stöhnte und sich auch von meinen lautstarken Beleidigungen nicht abhalten ließ, immer wieder anzurufen, bis ich mir eine Strategie zurecht gelegt hatte. Beim nächsten Anruf war ich vorbereitet. Als er wieder loslegen wollte, fragte ich ihn in mitleidigem Ton: *„Ach, du kommst mit Frauen nicht klar, du Armer? Was sagt denn deine Mama dazu, dass du solche Sachen machst?"* Schweigen am anderen Ende der Leitung. Dann legte er auf und meldete sich nie wieder. Solche „einfühlenden Nachfragen" bringen viele Verbalerotiker völlig aus dem Konzept, sodass ihnen im wahrsten Sinne des Wortes die Lust vergeht.

- Schalten Sie Ihren Anrufbeantworter auch ein, wenn Sie zu Hause sind. Lassen Sie jeden Anrufer zunächst aufs Band sprechen, bevor Sie sich entscheiden, ob Sie ans Telefon gehen oder nicht. Die meisten Täter haben Angst, dass ihre Stimme aufgezeichnet wird und das womöglich dazu beitragen könnte, sie zu identifizieren.

- Legen Sie sich eine Trillerpfeife neben das Telefon, und verjagen Sie den Anrufer mit dem schrillen Ton.

- Neue Telefone können Sie so programmieren, dass nur die Leute Sie erreichen, die neben der Telefonnummer auch noch Ihre vierstellige Geheimnummer kennen.

- Sie können bei der Telekom Ihre Telefonnummer ändern und die neue nicht mehr ins Telefonbuch eintragen lassen. Diese Nummer ist nicht über die Telefonauskunft zu bekommen. Übrigens: Nur den Vornamen wegzulassen bzw. abzukürzen ist wenig hilfreich. Viele Täter wissen, dass sich dahinter Frauennamen verbergen.

- Wenn Sie gar nicht mehr weiterwissen, können Sie sich eine Fangschaltung legen lassen. Sobald es klingelt, drücken Sie eine mit der Telekom vereinbarte Nummer. Der Rechner speichert dann, von wo aus angerufen wurde.

- **Erstatten Sie Anzeige wegen Beleidigung, Nötigung, Bedrohung oder Körperverletzung bei der Polizei. In schweren Fällen, zum Beispiel bei Morddrohung oder wenn ein begründeter Verdacht gegen eine bestimmte Person vorliegt, kann die Polizei – auf richterlichen Beschluss – das Telefon des mutmaßlichen Täters abhören.**
- **Falls Sie Kinder haben, machen Sie ihnen klar, dass sie am Telefon keine Auskünfte an Fremde weitergeben. Am besten üben Sie das mit Ihrem Nachwuchs.**

Übrigens: Der Mann, der die 69-jährige Johanna Vespermann mit seinem Schockanruf in den Tod getrieben hat, ist vom Landgericht Hildesheim zu zwölf Jahren Haft wegen Mordes, versuchten Mordes und Brandstiftung verurteilt worden. Er wurde in die Psychiatrie eingewiesen.[18]

Beziehungstalk

Die Kunst des richtigen Streitens

Ralf: „'n Abend Schatz. Guck mal, was ich gerade supergünstig abstauben konnte. Diese Dolby-Surround-Anlage mit allem Pipapo für nicht mal 1500 Euro. Da habe ich natürlich zugegriffen. Ist das nicht toll?"

Anna: „Sag, dass das nicht wahr ist. Du hast mal eben so so 'ne Angeber-Anlage gekauft. Ich fass es nicht."

Ralf: „Wieso Angeber-Anlage? Die hat einen tollen Klang. Das fandest du bei Oliver und Ulrike doch auch ganz super."

Anna: „Ja, sicher ist das ein netter Luxus – wenn man ihn sich leisten kann. Die beiden können das, wir nicht!"

Ralf: „Aber ich habe über 250 Euro gespart."

Anna: „Und mal eben so 1500 Euro rausgehauen. Wenn ich aber mal sage, dass ich ein neues Paar Schuhe brauche, um im Büro vernünftig auszusehen, sagst du, das tut nicht nötig. Schließlich ist unser Geld knapp wegen des Kredits."

Ralf: „Ja, du hast ja auch bergeweise Schuhe. Das wäre völlig bescheuert, neue zu kaufen!"

Anna: „Bescheuert, aha. Aber was du da machst, ist nicht bescheuert? Ich hab nur noch alte Treter. Und überhaupt – haben wir etwa keine Musikanlage? Du bist so kindisch! Anstatt mal nachzudenken! Immer handelst du unüberlegt."

Ralf: „Ach, ich handle immer unüberlegt. Aber wenn dir plötzlich einfällt, dass du lange nichts von deiner Freundin in Australien gehört hast, rufst du mal eben zwischendurch für ein Stündchen an, anstatt zu überlegen, ob es günstigere Telefonzeiten gibt."

Anna: „Du übertreibst mal wieder. Ich telefoniere nie so lange mit Jana. Und was hat das denn jetzt damit zu tun?"

Ralf: „*Von der Anlage haben wir beide was.*"

Anna: „*So ein Quatsch. Tu nicht so, als hättest du sie für mich gekauft. Ich lege darauf absolut keinen Wert.*"

Ralf: „*Was kann ich dafür, wenn du nichts von Musik verstehst. Ach, du hast mal wieder keine Ahnung.*"

Anna: „*Ja, und du bist der Ober-Durchblicker. Überhaupt – was meinst du mit ‚mal wieder'? Wovon habe ich denn deiner Meinung nach noch keine Ahnung?*"

Ralf: „*Das geht doch dauernd so – immer verdirbst du mir an allem den Spaß. Immer nur sparen! Ich will jetzt leben und nicht erst mit sechzig mir mal was gönnen.*"

Anna: „*Wie naiv bist du eigentlich? Wir haben einen Kredit aufgenommen, ich mache extra Überstunden und der Herr hat nichts Besseres zu tun, als das Geld mit vollen Händen herauszuwerfen. Denk dran, das ist auch mein Geld, das du da verprasst – ohne mich zu fragen.*"

Ralf: „*Verprassen. Ich hab da was Anständiges gekauft und es nicht verspielt. Immer übertreibst du so! Du gönnst mir einfach keinen Spaß.*"

Anna: „*Das ist die Höhe …*"

Was fällt Ihnen an diesem Streit auf? In dieser Auseinandersetzung wimmelt es nur so vor Unterstellungen und Abwertungen. „*Immer verdirbst du mir an allem den Spaß*", „*Du übertreibst mal wieder*", „*bescheuert*", „*Ober-Durchblicker*".

Es ist verständlich, dass es in einem Streit wie diesem sehr emotional zugeht, weil eine oder beide Seiten sich verletzt bzw. übergangen fühlen. Nüchtern betrachtet ist ein solch emotionsgeladenes Gespräch natürlich wenig förderlich. Den anderen massiv anzugreifen, führt lediglich dazu, dass der Partner bzw. die Partnerin in eine Verteidigungshaltung gedrängt wird. Ihm oder ihr bleibt dann fast gar nichts anderes übrig, als die Vorwürfe abzuwehren und selber zum Gegenangriff überzugehen. Im Nu schaukelt sich der Konflikt hoch, man wirft sich gegenseitig Dinge an den Kopf, fängt womöglich an zu schreien, zielt mit Sprüchen unter die Gürtellinie. Ein solcher Streit kann einer Beziehung erheblich schaden. Statt aufeinander zu bewegen sich beiden Seiten immer stärker voneinander weg.

Konflikten nicht aus dem Weg gehen

Wenn Sie sich mit Ihrem Partner auseinander setzen, sollten Sie diese Art des Streitens unbedingt vermeiden. Das heißt nicht, dass Sie grundsätzlich Konfliktgesprächen aus dem Weg gehen sollten – ganz und gar nicht. In einer Partnerschaft ist es wichtig, klar und deutlich zu sagen, wenn Sie etwas stört, Sie gar verletzt, traurig oder wütend sind. Behält man aus Angst vor Auseinandersetzungen diese Emotionen zu lange für sich und schluckt den Ärger immer wieder hinunter, kann es passieren, dass Ihnen irgendwann, ganz unvermutet, vielleicht bei einem verhältnismäßig kleinen Anlass der Kragen platzt und der andere gar nicht versteht, weshalb Sie so ausrasten.

Das beste Beispiel für solche Situationen ist Weihnachten, angeblich das Fest der Ruhe, Besinnlichkeit und Harmonie. Da gehört es sich nicht, sich zu streiten. Bekanntermaßen fliegen aber gerade an den Festtagen die Fetzen. Warum? Vielleicht weil wir das Bild aus der Kaffee-Reklame im Kopf haben mit Oma, Opa, Mama, Papa und Kind harmonisch um den Tisch versammelt. Alle lieben sich, alle lächeln sich an. So hätten wir das auch gern, so soll es sein. Das ist unsere Idealvorstellung. Und an den Festtagen, wo die ganze Familie zusammenkommt, erst recht. Wir vergessen dabei nur zu leicht, dass die Realität leider anders aussieht. Da herrscht eben nicht nur eitel Sonnenschein. Wir versuchen, uns zusammenzureißen, um die – scheinbare – Idylle nicht zu zerstören. Und das über Tage – aber wer hält das schon aus? Irgendwann läuft das Fass über und von Ruhe und Besinnlichkeit ist dann gar nichts mehr zu spüren. Haben Sie also keine Scheu, beizeiten die Dinge anzusprechen, die Sie stören. Die heile Welt gibt es eben nur im Fernsehen.

Frauen neigen eher dazu, Konflikte zu unterdrücken, und das nicht nur zur Weihnachtszeit. Das zeigt sich auch sprachlich, indem sie Formulierungen wie folgende häufiger als Männer benutzen: *„Sei mir bitte nicht böse, aber ...“*, *„Ich will dich jetzt nicht stören, aber ...“* oder *„Sei bitte nicht sauer, wenn ich ...“*

Nicht selten verdrängen oder verleugnen Frauen gar verletzendes Verhalten, nur um eine grundlegende Auseinandersetzung zu vermeiden, getreu der Devise: Wenn man etwas gar nicht erst anspricht, braucht man niemanden zur Rechenschaft zu ziehen und schützt sich vor konfliktträchtigen Gesprächen. Damit bleibt alles beim Alten, wie gewohnt und wie gehabt. So droht kein Liebesentzug, kein Verlust von Anerkennung oder die Gefahr, isoliert dazustehen und verlassen zu werden. Aber Vorsicht: Diese Ruhe ist nur eine scheinbare, sozusagen die Ruhe vor dem Sturm. Denn nicht ewig werden Sie Probleme wegdrücken, ignorieren oder übergehen können. Irgendwann kommen sie zum Vorschein und dann womöglich mit geballter Energie.

Auch im Interesse Ihrer Achtung vor sich selbst sollten Sie in der Partnerschaft Ihre eigenen Interessen wahrnehmen. Es ist mit Sicherheit besser, sich einer Konfrontation zu stellen und für die eigenen Wünsche und Bedürfnisse einzustehen, als nur um des lieben Friedens willen den Kopf einzuziehen. Sie zeigen damit, dass Sie ein selbstständiger Mensch und sich etwas wert sind.

Machen Sie sich klar, dass Konflikte zum Leben gehören wie das Salz zur Suppe. An ihnen lernen wir, uns abzugrenzen und nein zu sagen. Eine Partnerschaft ohne Streit ist unmöglich.

Frauen haben auch deshalb Angst vor dem Streit, weil sie befürchten, dass damit das Ende ihrer Beziehung eingeläutet wird. Das ist Quatsch. Im Gegenteil: Streiten verbindet, wie Paartherapeuten bestätigen – vorausgesetzt, es geschieht rechtzeitig und im rechten Maß. Denn das bedeutet, dass beide Seiten sich immer wieder gegenseitig versichern, was ihnen wichtig ist, was sie stört und was sie vom anderen erwarten. Wenn man damit jahrelang hinterm Berg hält, wird es immer schwerer, das Ruder noch einmal herumzureißen. Es gibt sogar Untersuchungen, die belegen, dass Beziehungen, in denen viel gestritten wird, länger halten und sogar glücklicher verlaufen als Partnerschaften, in denen alle Konflikte unter den Teppich gekehrt werden.[19]

Streitereien entstehen schon allein deshalb, weil Männer und Frauen eine unterschiedliche Sprache sprechen, wie ich bereits oben erwähnt habe und an späterer Stelle noch einmal vertiefen werde (siehe Seite 105–111). Aber das als einzige Ursache für Konflikte in Beziehungen zu betrachten, würde ja bedeuten, dass in gleichgeschlechtlichen Partnerschaften immer nur eitel Sonnenschein herrscht. Dass dem nicht so ist, muss ich hier nicht betonen.

Die Ursachen von Kommunikationsstörungen

Streit in Partnerschaften zwischen Männern und Frauen hat also verschiedene Ursachen. Zum einen ist es die unterschiedliche Sprache, zum anderen sind es die „üblichen" Kommunikationsstörungen zwischen Menschen überhaupt. Der Kommunikationspsychologe Friedemann Schulz von Thun hat sehr anschaulich analysiert, wieso Kommunikation zwischen Menschen oft schief geht: Wenn jemand eine Aussage macht, so der Experte, dann enthält diese Mitteilung vier psychisch bedeutsame Aspekte: Selbstoffenbarung, Sachinhalt, Beziehungshinweis und Appell.[20] Es ist also ein Irrtum zu glauben, dass es in der Kommunikation nur um Inhalte geht.

Der optimale Kommunikationsprozess sieht so aus: Jemand (Sender) sagt etwas. Der Adressat (Empfänger) versteht es. Was der Sender vermitteln wollte, kommt 1:1 beim Empfänger an. Doch oft klappt dieser Austausch nicht so ideal, wie hier dargestellt.

Eine Nachricht gleich viele Botschaften

Der Grund von Kommunikationsstörungen liegt, so Schulz von Thun, vor allem darin begründet, dass „ein und dieselbe Nachricht stets viele Botschaften gleichzeitig enthält (...) Dass jede Nachricht ein ganzes Paket mit vielen Botschaften ist, macht den Vorgang der zwischenmenschlichen Kommunikation so kompliziert und störanfällig, aber auch so aufregend und spannend." [21]

Jede Nachricht enthält erstens einen Sachinhalt (worüber ich informiere), zweitens eine Selbstoffenbarung (was ich von mir selbst kundgebe = Ich-Botschaften). Drittens sagt sie etwas über die Beziehung zwischen den miteinander Sprechenden aus (was ich von dir halte und wie wir zueinander stehen = Du-Botschaften) und viertens enthält sie einen Appell (wozu ich dich veranlassen möchte).

Wie das genau zu verstehen ist, wird an einem einfachen Beispiel deutlich: Ein Ehepaar macht sich für einen Abend im Theater fertig. Plötzlich sagt der Mann: „Du, es ist halb acht." Die Nachricht enthält folgende vier Aspekte:

1. Sachinhalt: Er sagt ihr, wie spät es ist. Nämlich halb acht
2. Selbstoffenbarung: Er sagt über sich: Ich behalte die Zeit im Auge; ich mache mir Gedanken, dass wir rechtzeitig kommen
3. Beziehungsebene: Er denkt vielleicht, dass sie nie pünktlich ist, deshalb sagt er ihr die Uhrzeit. Oder: Er weiß, dass sie immer Angst hat, zu spät zu kommen. Wenn er ihr zeigt, dass er die Uhrzeit nicht aus den Augen verliert, beruhigt sie das vielleicht
4. Appell: Das ist die Aufforderung, sich zu beeilen, um nicht zu spät zu kommen. Oder er hat den Wunsch, auch endlich ins Bad zu können, und will mit dem Hinweis auf die Uhrzeit sagen, dass er jetzt da rein sollte, damit sie pünktlich kommen. Vielleicht haben die beiden auch noch ausreichend Zeit, und es ist der Appell an sie, weniger zu hetzen, weil es noch früh genug ist

Der Beziehungsaspekt einer Nachricht ist für uns als Empfänger in der Regel besonders wichtig. Denn hier fühlen wir uns in bestimmter Weise be- oder eventuell sogar misshandelt. Bevormundet mich beispielsweise jemand, spricht man mit mir wie mit einem kleinen Kind oder schätzt mein Gegenüber mich hoch ein? Legt man Wert auf meine Meinung, werde ich bewundert? „Allgemein gesprochen: Eine Nachricht senden heißt auch immer, zu dem Angesprochenen eine bestimmte Art von Beziehung auszudrücken." [22]

Schweigend kommunizieren

Ob Sie wollen oder nicht, wenn Sie eine Aussage machen, senden Sie immer auf allen vier Kanälen. Hinzu kommt, dass nicht nur das, was gesagt wird, entscheidend ist, sondern vor allem auch der Ton, die Mimik oder die Gestik, mit der es geäußert wird. Apropos Körpersprache, auch wenn wir verbal nichts sagen, „sprechen" wir. Allein das Schweigen sagt etwas aus. Was wir auch tun, wir können nicht *nicht* kommunizieren, wie es der Psychologe Paul Watzlawick einmal formuliert hat. [23]

   Erschwert wird das Miteinander zusätzlich dadurch, dass nicht nur jede Nachricht – gesprochen oder nicht – verschiedene Ebenen hat, auch als Empfänger hört man mal mit dem einen, mal mit dem anderen

Ohr besser. Denn auch davon haben wir – im übertragenen Sinne versteht sich – vier: das Sachohr, das Beziehungsohr, das Selbstoffenbarungsohr und das Appellohr. Machmal ist man zum Beispiel auf dem Sachohr taub und hört dafür auf dem Appellohr „die Flöhe husten". So vermutet man hinter einer Aussage gleich die Aufforderung zur Verhaltensänderung, dabei war es gar nicht so gemeint. Aus der Aussage *„Du, es ist halb acht"* hört die Frau vielleicht sofort die Aufforderung heraus, sich zu beeilen. Womöglich fühlt sie sich auch erheblich bevormundet, weil ihr Beziehungsohr ganz genau hinhört und die Information herausfiltert: *„Er hält nichts von mir"* oder vielleicht sogar: *„So wie er redet, liebt er mich nicht mehr."*

Was bedeutet das Wissen um die vier Ebenen einer Nachricht nun für die Kommunikation miteinander? Wichtig ist, dass Sie als Empfängerin ansprechen, was Sie zwischen den Zeilen mithören, genauer: mitzuhören meinen. Insbesondere das Beziehungs- und Selbstoffenbarungsohr sollten gespitzt werden. Hier wird oft ganz deutlich, warum sich jemand in einer bestimmten Form äußert, was hinter seiner oder ihrer Botschaft steckt bzw. was er oder sie von seinem/seiner Partner/in hält. Wir können aus dem Schulz-von-Thun-Modell auch lernen, dass sofortiges „Anspringen" auf einen vermeintlichen Vorwurf Auslöser für viele Streitereien ist. Besser wäre es, aktiv zuzuhören (siehe Seite 95) und vor allem nachzufragen, bevor man dem anderen etwas unterstellt: *„Hast du das wirklich so gemeint, wie es bei mir angekommen ist?"*, *„Heißt das also …"*, *„Verstehe ich dich richtig, du willst damit sagen, dass …?"* Das bringt Klärung und zeigt entweder, dass Sie mit Ihrer Interpretation völlig falsch lagen und eine Bemerkung nur in den „falschen Hals" bekommen haben oder aber Ihnen wird klar: Das war genau so gemeint, wie es bei mir angekommen ist. Dann ist es Zeit, das zu thematisieren und sich darüber auseinander zu setzen.

Apropos – wie streitet man eigentlich richtig? Obwohl Streitereien, Auseinandersetzungen und Konflikte in Beziehungen an der Tagesordnung sind, wissen viele nicht, wie sie damit umgehen sollen. Kein Wunder – so etwas haben die meisten von uns nie gelernt.

„Wir lernen, wie man Auto fährt. Wir nehmen Fahrstunden und studieren die Regeln und Gesetze. Wir fahren das erste Jahr noch recht vorsichtig, weil wir wissen, dass es eine Zeit brauchen wird, bis wir die nötige Routine haben, um auch Fehler der anderen einkalkulieren oder auf eine plötzliche Gefahrensituation gut reagieren zu können. Aber wie machen wir es im zwischenmenschlichen Bereich? Wir reden drauflos, wir reagieren negativ, wir streiten uns und wir schieben anderen die Schuld zu. Obwohl doch der Mensch viel komplizierter ist als ein Auto, meinen wir, ihn ohne jedes Training verstehen zu können!" [24]

Da ist was dran, oder? Wir bemühen uns zu wenig, den anderen zu verstehen. Das gilt auch für Partnerschaften, wo noch der bereits erwähnte unterschiedliche Sprechstil zwischen Frauen und Männern hinzukommt.

Um die Auseinandersetzung zu einem konstruktiven Ergebnis zu bringen, sollten Sie bestimmte Prinzipien beachten. Im folgenden Abschnitt stelle ich Ihnen die wichtigsten Regeln des richtigen Streitens vor.

Die wichtigsten Regeln des richtigen Streitens

Wenn Sie beim Streiten gewisse Regeln beachten, tragen Sie erheblich dazu bei, eine faire Auseinandersetzung zu führen mit der Aussicht auf ein konstruktives Ergebnis, mit dem beide Seiten gut leben können.

Den eigenen Standpunkt klären

Wenn Sie sich auf die Auseinandersetzung vorbereiten können, sollten Sie das unbedingt tun. Doch nicht immer hat man die Möglichkeit dazu, weil so ein Streit oft völlig unerwartet entsteht. Besser ist es, einen „Termin" für das Gespräch anzusetzen, damit beide Seiten die Möglichkeit haben, sich im Vorfeld Gedanken zu machen und vor allem den eigenen Standpunkt zu klären.

Sie sollten sich vorher ganz genau verdeutlichen, was Sie erreichen möchten, zu welchen Kompromissen Sie bereit sind und wo ein Einlenken Ihrerseits möglich ist. Machen Sie sich aber auch Gedanken über Ihre persönlichen Grenzen. Wie weit können Sie gehen, wie viel können Sie ertragen und an welchem Punkt sind Sie nicht mehr bereit, einzulenken? Überlegen Sie sich, wie Sie reagieren werden, welche Konsequenzen Sie ziehen werden (müssen?), falls Ihr Partner absolut auf seinem Standpunkt beharrt und kein Kompromiss und damit auch keine Besserung der Situation zu erwarten ist.

Könnten Sie damit leben? Oder würde Sie der Ärger auf Dauer krank machen? Wichtig ist, dass Sie sich diese Fragen ganz ehrlich beantworten – in Ihrem eigenen Interesse.

Hektik vermeiden

Nehmen Sie sich ausreichend Zeit für die Klärung eines Problems. Es hat keinen Sinn, wichtige Dinge zwischen Tür und Angel besprechen zu wollen. Es ist verständlich, dass man zu Hektik neigt. Schließlich will man die Sache endlich vom Tisch haben. Aber ohne die nötige Ruhe wird Ihnen das kaum gelingen. Nehmen Sie sich bewusst vor, ganz in Ruhe Ihre Gedanken zu entwickeln. Versuchen Sie, Ihre Ungeduld zu zügeln, wenn Ihr Partner spricht.

Wenn Ihnen etwas vorgeworfen wird oder eine Äußerung Sie wütend macht, versuchen Sie, nicht sofort zu reagieren. Denken Sie nach, bevor Sie eine unbedachte Äußerung machen. Oftmals überwältigen uns die Gefühle, und wir sagen Dinge, die wir im nächsten Moment schon bereuen. Eine gute Methode, um sich selbst etwas zu zügeln, besteht darin, im Stillen bis zehn zu zählen, bevor wir antworten. Diese Maßnahme zwingt uns, erst einmal nachzudenken, bevor wir reagieren, und sie hilft uns, das Gespräch wieder auf eine sachlichere Ebene zu bringen.

Sollte sich die Konfrontation immer weiter hochschaukeln, unterbrechen Sie das Gespräch. Machen Sie eine Pause, damit die Gemüter sich wieder etwas beruhigen können und beide Seiten die Chance haben, wieder zur Besinnung zu kommen. In einer hitzigen Gesprächsatmosphäre ist das nämlich oft nicht mehr möglich. Mithilfe der Unterbrechung können Sie etwas Abstand gewinnen und wieder „runterkommen".

Den Grundkonflikt klar benennen

Sagen Sie zu Beginn des Gesprächs, worum es Ihnen geht. Bringen Sie die Problematik so gut wie möglich auf den Punkt. So weiß Ihr Partner, womit er zu rechnen hat bzw. was Sie eigentlich genau wollen. Diese Regel scheint so einleuchtend, dass sie eigentlich gar nicht erwähnt werden müsste. Doch das ist ein Irrtum. Viele Paare streiten sich häufig, ohne klar zu benennen, worum es eigentlich geht.

Beim Thema bleiben

Die Gefahr, vom Thema abzukommen, ist beim Streiten recht groß. Der andere lässt eine Bemerkung fallen, die wir unbedingt kommentieren müssen. Und schon kommen wir von Stöckchen zu Steinchen. Überprüfen Sie während des Gesprächs immer wieder: Reden wir überhaupt noch über das eigentliche Thema? Was soll mit diesem Gespräch erreicht werden? Also, lassen Sie sich nicht dazu hinreißen, das wirkliche Problem aus den Augen zu verlieren. Rechnen Sie damit, dass Ihr Gegenüber versuchen wird, auszuweichen – vielleicht weil es ihm unangenehm ist. Sie sind für solche Ausweichmanöver am besten gewappnet, wenn Sie sich auf diese Auseinandersetzung – sofern das möglich ist und sie sich nicht ganz überraschend entwickelt – vorbereiten. Überlegen Sie sich, was Sie sagen und erreichen wollen. Machen Sie sich auch Gedanken darüber, was Ihr Partner erwidern wird und wie Sie wiederum darauf reagieren können.

Die Vergangenheit ruhen lassen

Wer lange eine Auseinandersetzung vor sich herschiebt, neigt dazu, im Konfliktfall alte Geschichten auszugraben. Nach dem Motto: *„Schon als wir vor vier Jahren Weihnachten zu deinen Eltern gefahren sind, fand ich es schlimm, dass du ..."* Lassen Sie das sein. Es führt zu nichts, in der Vergangenheit herumzuwühlen. Sie hätten damals an Ort und Stelle klären sollen, was Sie störte. Jetzt damit anzufangen, ist nicht besonders fair. Abgesehen davon trägt es sehr wahrscheinlich wenig zur Klärung des aktuellen Problems bei. Die alten Sachen hervorzuholen, hat lediglich zur Folge, dass man sich weiter in das Problem hineinsteigert und all die negativen Gefühle, die ohnehin schon da sind, noch verstärkt. Hinzu kommt, dass alte Probleme leicht dazu führen, vom eigentlichen Thema abzukommen (siehe oben). Und das wollen Sie doch nicht, oder?

Aufmerksam zuhören

Frauen sind in der Regel die besseren Zuhörerinnen. Gesprächsanalysen zeigen, dass sie sehr bemüht sind, ihrem Gegenüber immer wieder zu signalisieren, dass sie verstanden haben, was gemeint ist, dass sie seine Gedankengänge nachvollziehen können, manches überraschend finden – kurz: dass sie aufmerksam zuhören. Typisch sind Bemerkungen wie: *„Aha", „Hm", „Wirklich?", „Ja", „Genau", „Ich verstehe"* oder *„Ja, richtig"*.

Männer haben, was das aktive Zuhören angeht, oft noch großen Nachholbedarf. Von ihnen kommen seltener bestätigende Ausdrücke, sodass Frauen oft verunsichert sind und annehmen, er höre nicht richtig zu, ihn interessiere nicht, was sie da erzählen (siehe auch „Das Schweigen der Männer", Seite 107).

Gerade bei einer Auseinandersetzung ist es wesentlich, dass beide Seiten einander zuhören. Das fällt nicht leicht. Oftmals ist man so aufgebracht über das Gesagte, dass man kaum abwarten mag, bis der Partner den Satz beendet hat. Wer kann schon Vorwürfe einfach so ohne Erwiderung hinnehmen? Denken Sie in solchen Momenten immer daran, dass es in diesem Fall nichts bringt, mit gleicher Münze heimzuzahlen. Der Streit würde nur eskalieren, und Sie wären wieder ein Stückchen weiter weg von der Lösung des eigentlichen Problems.

Die Kunst des aktiven Zuhörens ist durch drei Kriterien gekennzeichnet:
- Das aufmerksame Hinhören.
- Das Zurückspiegeln Ihrer Wahrnehmungen.
- Der Versuch, Interpretationen zu vermeiden.

Das aufmerksame Hinhören ist notwendig, um herauszufinden, was Ihr Partner überhaupt will. Spiegeln Sie mit eigenen Worten zurück, was der andere sagt. Mit dieser Methode signalisieren Sie: *„Ich habe verstanden, worum es dir geht."*

Beispiel:
Er: *„Mir hat der Abend mit deinen Kolleginnen nicht gefallen. Diese Themen interessieren mich einfach nicht, immer ging's nur um eure Abteilung."*

Sie: *„Du hast dich gelangweilt, weil nur über Berufliches gesprochen wurde."*
Statt: *„Selbst Schuld. Hättest doch was Interessantes erzählen können."*

Interpretationen sollten besser vermieden werden. Legen Sie Ihrem Partner nichts in den Mund, was er so gar nicht gesagt hat. Also nicht: *„Du findest meine Kolleginnen langweilig. Du hältst dich für was Besseres!"* Mit solchen Deutungen provozieren Sie nur, was zur Folge hat, dass Ihr Gegenüber sich rechtfertigen wird und vielleicht einem Gegenangriff startet.

Ohne das Gesagte wieder einschränken zu wollen, möchte ich jedoch speziell die Leserinnen darauf hinweisen, dass die Kunst des Zuhörens auch ihre Grenzen hat. Wie eingangs erwähnt, sind Frauen oft Meisterinnen des einfühlenden Denkens. Aber tun Sie des Guten nicht zu viel. Sie müssen sich nun wirklich nicht alles anhören und allem verständnisvoll lauschen. Wenn das Gespräch zum Beispiel sehr unausgeglichen ist, indem er ständig redet und Sie nicht zu Wort kommen lässt, Sie sich schlicht langweilen oder Sie permanent in Ihrer Würde verletzt werden, ist es Ihr gutes Recht, einzuschreiten.

Nachfragen

In Streitereien tauchen hin und wieder Begriffe oder Überlegungen auf, die der anderen Seite nicht klar sind. Manchmal beginnt man auch, etwas in einen Ausdruck hineinzuinterpretieren, der gar nicht so gemeint war. Beispiel: Ihr Partner sagt zu Ihnen: *„Du bist in letzter Zeit so komisch."* Dann wäre es sinnvoll, erst einmal nachzufragen, was er genau darunter versteht, anstatt gleich an die Decke zu gehen und patzig zu antworten: *„Ich bin komisch? Du bist es, der hier komisch ist!"* Im Interesse einer guten Streitkultur ist es wichtig, dass Sie nichts in das Gespräch hineinprojizieren.

Sachlich bleiben

Auch wenn's schwer fällt und die Emotionen hochkochen, Ihre Devise beim Streiten sollte immer lauten: sachlich bleiben, selbst wenn der andere sich nicht daran hält. Das ist viel verlangt, ich weiß. Und sicher ist es eine Idealvorstellung, die sich so wohl kaum zu 100 Prozent einhalten lässt. Doch Sie sollten zumindest den Anspruch haben, sachlich zu bleiben, und sich immer wieder klarmachen: Beleidigungen und Herabsetzungen führen zu nichts. Auch wenn Ihr Gegenüber es nicht lassen kann, sollten Sie sich nicht auf dieses Niveau herab begeben. Unsachlichkeit ist im Grunde nur ein Zeichen dafür, dass Sie sich nicht auf andere Weise behaupten können, Ihnen also die Argumente ausgehen. Aus Angst, unterlegen zu sein, greift man dann zur „Waffe" Beleidigung.

Wenn Ihr Gegenüber unsachlich wird, weisen Sie ihn darauf hin, dass Sie diese Art der Unterhaltung für wenig sinnvoll halten. Verbieten Sie sich Beleidigungen und Herabsetzungen. Machen Sie ihn – möglichst sachlich und ruhig – darauf aufmerksam, dass es nicht Sinn der Sache sein kann, sich gegenseitig zu verletzen, sondern dass es hier einzig und allein um die Klärung eines Problems geht.

Ich-Aussagen statt Du-Aussagen

„Du willst nur deinen Willen durchsetzen", „Nie hörst du mir zu", „Du hast dauernd schlechte Laune", „Du denkst nur an dich", „Ständig meckerst du an mir rum", „Du willst mir doch nur ein schlechtes Gewissen machen", „Nie hast du Zeit für mich." „Nie fragst du mich, wie es mir geht." „Immer hast du Ausreden."

Diese Vorwürfe haben eins gemein: Sie sind alle so genannte Du-Aussagen. Wenn Sie am fairen Streiten interessiert sind, sollten Sie diese Botschaften besser vermeiden, denn sie dienen nur einem Zweck: den anderen zu verurteilen und abzuwerten.

Du-Botschaften rutschen leicht in Streitgespräche hinein. Endlich können wir unserem Partner mal so richtig die Meinung geigen. Diese Aussagen sind ja auch so praktisch, denn so konzentriert sich die ganze Aufmerksamkeit auf unser Gegenüber. Damit wollen wir eigene Verantwortung abschieben und ihn beschämen. Die andere Seite soll sich ordentlich schuldig fühlen. Zudem haben Du-Sätze den Vorteil, dass wir uns nicht mit uns selbst beschäftigen müssen. Da brauchen wir nichts von uns preiszugeben. Das ist sicher und bequem.

Typisch für Du-Sätze sind auch Übertreibungen und Verallgemeinerungen, die durch bestimmte Ausdrücke deutlich werden, wie: *„nie"*, *„immer"*, *„ständig"*, *„dauernd"*, *„nichts als"* oder *„typisch"*.

Beispiele:
„Nie kann ich mich auf dich verlassen."
„Immer willst du das letzte Wort haben."
„Ständig hast du was auszusetzen."
„Dauernd unterbrichst du mich."
„Was du da sagst, das sind doch nichts als faule Ausreden."
„Typisch für dich, dass dich das wieder nicht interessiert."

Aber mal ganz ehrlich, glauben Sie, jemanden zur Einsicht zu bringen oder Verständnis für Ihren Ärger zu wecken, wenn Sie ihn so angreifen? Diese Art der Kommunikation haben wir alle praktiziert, als wir im Sandkasten saßen und uns über das Nachbarskind ärgerten, weil es uns die Schaufel weggenommen hatte. Aber aus diesem Alter sind wir längst raus. Höchste Zeit also, sich anderer Kommunikationsmuster zu bedienen.

Statt mit Du-Botschaften die Fehler und Charakterschwächen des Gegenübers aufzuzählen, wäre es sinnvoller, mit Ich-Aussagen zum Ausdruck zu bringen, was wir wünschen oder brauchen und wie wir uns fühlen. Denn hinter jeder Du-Aussage steckt ja schließlich eine Bitte. Bringen Sie diesen Wunsch, diese Erwartung in einer Ich-Botschaft zum Ausdruck. Dann weiß Ihr Partner, woran er ist und welche Erwartungen Sie haben.

Das wiederum heißt, dass Sie genau wissen, was Sie wollen und was Ihnen wichtig ist. Sie müssen sich öffnen und von Ihren Wünschen, Gefühlen und Bedürfnissen sprechen, indem Sie zum Beispiel Sätze, die mit „Ich möchte, wünsche ..., weil..." beginnen, formulieren.

Beispiele:
Statt: *„Nie hast du Zeit für mich."*
Besser: *„Ich bin traurig, dass wir uns in letzter Zeit so selten sehen. Ich bin sehr gern mit dir zusammen, und ich wünsche mir, mal wieder ein Wochenende mit dir zu verbringen."*

Statt: *„Dauernd unterbrichst du mich."*
Besser: *„Ich ärgere mich, dass ich immer unterbrochen werde. Ich lasse dich ausreden und erwarte von dir dasselbe."*

Ich-Botschaften haben den Vorteil, dass sie keine Anschuldigungen enthalten. Das ermöglicht Ihrem Gegenüber, Ihnen in Ruhe zuzuhören, ohne das Bedürfnis zu haben, sich sofort rechtfertigen zu müssen. Wenn Sie Ich-Aussagen in einer Auseinandersetzung benutzen, tragen Sie erheblich dazu bei, dass nicht noch mehr Öl ins Feuer gegossen wird

Was aber tun, wenn Sie sich zwar „im Griff haben" und weitgehend auf Du-Aussagen verzichten, Ihr Gegenüber aber ganz und gar nicht? Eine Möglichkeit besteht darin, die Du-Botschaft zu übersetzen, das heißt, die Bitte, die dahinter steht, zu erkennen und zu benennen. Wenn der Vorwurf lautet: „Nie hast du Zeit für mich", könnten Sie zum Beispiel antworten: *„Möchtest du, dass wir morgen einen gemütlichen Abend zu zweit verbringen?"*

Aber auch hier gibt es Grenzen der Belastbarkeit. Wenn der Streit aus nichts anderem besteht als einer Aneinanderreihung von Vorwürfen, weisen Sie diese entschieden zurück, legen Sie ggf. eine Pause ein und versuchen Sie zu einem späteren Zeitpunkt das Gespräch wieder aufzunehmen (siehe auch „Hektik vermeiden", Seite 96).

Gefühle und Bedürfnisse benennen

„Er muss doch merken, wenn ich mich über etwas ärgere." Viele Frauen denken, dass es ihren Männern auffallen müsste, wenn sie gekränkt sind, sich nicht wohl fühlen, mit etwas nicht zurechtkommen etc. und sprechen deshalb ihre Probleme oder Ärgernisse nicht an. Sie fragen sich, was die Beziehung denn wert ist, wenn sie immer erst ausdrücklich sagen müssen, was sie wurmt, damit ihr Partner sie versteht. Aber schließen Sie nicht von sich auf andere, sprich Männer. Hoffen Sie nicht darauf, dass Ihr Partner immer weiß bzw. erkennt, was in Ihnen vorgeht. Sagen Sie offen, wie Sie sich fühlen. Das macht es für Ihren Partner leichter, Sie zu verstehen. Zum anderen hilft Ihnen möglicherweise allein schon der Umstand, dass Sie Ihr Gefühl in Worte gefasst haben, denn manchmal lässt die Wut deutlich nach, wenn man erst einmal ausgesprochen hat, was einen ärgert.

Wichtig ist, dass Sie zu Ihren Gefühlen stehen und sie nicht leugnen. Sagen Sie nicht: *„Nein, ich bin nicht sauer"*, wenn Sie so richtig wütend sind. Erstens treten Sie wahrscheinlich durch den Ton, den Sie dabei anschlagen, gerade den Gegenbeweis an, und zweitens wird es immer schwieriger, mit Gefühlen umzugehen, wenn man sie leugnet. Ärger, Trauer oder Wut lösen sich nicht in Luft auf, nur weil wir sie nicht wahrhaben wollen. Die Gefühle gären dann so lange in Ihnen, bis sie sich in einem heftigen Ausbruch entladen, der einer Beziehung großen Schaden zufügen kann.

Keine Befehle

Dass die Kommunikation in einer Beziehung gestört ist, zeigt sich zum Beispiel daran, dass beide im Befehlston miteinander sprechen. Zurechtweisungen wie folgende sind typisch für einen solchen Umgangston:
„Sprich nicht in einem solchen Ton mit mir!"
„Gib mir die Zeitung!"
„Unterbrich mich nicht!"
„Lass mich in Ruhe!"
„Mach die Tür zu!"
„Geh raus!"

Mit derartigen Befehlen versuchen wir, störendes Verhalten zu ändern bzw. etwas zu bekommen, von dem wir meinen, dass es uns zusteht. Doch solche Handlungsvorgaben sind wenig Erfolg versprechend, ganz einfach deshalb, weil in jedem Menschen Widerstand wächst, sobald ihm jemand Vorschriften zu machen versucht, wie er was tun soll. Wir fühlen uns nicht mehr frei, sondern eingeengt und bevormundet, wie ein kleines Kind, das zurechtgewiesen wird.

Das bedeutet nicht, dass Sie nicht sagen sollen, was Sie gern hätten oder was Sie stört. Aber formulieren Sie es als Ich-Aussage: *„Ich würde jetzt gern einen Moment allein sein, damit ich in Ruhe nachdenken kann"* statt: *„Lass mich in Ruhe!"*

Entschuldigungen

Manchmal steigt die Wut in uns so hoch, dass wir uns nicht mehr im Griff haben und uns Bemerkungen über die Lippen rutschen, die uns im nächsten Moment vielleicht schon Leid tun. Keiner will, dass so etwas passiert, aber wir alle wissen, dass es trotzdem geschehen kann. Schließlich sind wir auch nur Menschen, und die sind bekanntlich nicht perfekt. Lassen Sie sich also einmal im Eifer des Gefechts zu einer Beleidigung hinreißen, dann ist es wichtig, dass Sie sich dafür entschuldigen.

Viele tun sich schwer damit, weil sie eine Entschuldigung als eine Art Niederlage betrachten, als Eingeständnis, nicht im Recht zu sein. Aber eine Entschuldigung ist kein Schuldbekenntnis. Sie können in der Sache Recht haben, trotzdem aber die falschen Worte gewählt haben. Machen Sie also auch deutlich, wofür Sie sich entschuldigen, zum Beispiel so: *„Tut mir Leid, ich habe dich mit meiner Beleidigung verletzt. Das wollte ich nicht. Ich war so wütend, weil du mich einige Male unterbrochen hast. Da ist mir der Kragen geplatzt. Ich mag es einfach nicht, wenn ich unterbrochen werde."*

Freundlich, aber nicht unterwürfig

Und last but not least: Versuchen Sie, trotz möglicher Kränkungen freundlich oder zumindest sachlich zu bleiben. Doch hüten Sie sich davor, Unterwürfigkeit zu demonstrieren. Viele Frauen, die im Grunde jede Form der Auseinandersetzung verabscheuen, sind froh, wenn endlich wieder Ruhe einkehrt. Obwohl der Streitpunkt noch nicht geklärt ist, machen sie einen Rückzieher um des lieben Friedens willen. Sie kennen sicher das Sprichwort: „Der Klügere gibt nach." Nur leider ist es nicht immer klüger, einzulenken, und außerdem würde die Regel – konsequent angewendet – zwangsläufig zur Herrschaft der Dümmeren führen. Mit Nachgeben können Sie den Streit zunächst beenden, aber das Problem besteht – sofern Sie nicht wirklich überzeugt sind und nur Ihre Ruhe haben wollen – nach wie vor und wird Sie beschäftigen, Sie vielleicht belasten und womöglich richtig krank machen.

Horchen Sie in sich hinein: Ist es gut, dass ich „klein beigegeben" habe, war es richtig, sich auf einen Kompromiss einzulassen? Kann ich damit wirklich leben? Wenn Sie ein schales Gefühl haben, dann ist es das beste Zeichen, dass das Thema längst noch nicht erledigt ist und Sie es noch einmal in Angriff nehmen und sich um eine Lösung kümmern müssen.

Wie von einem anderen Planeten

Wenn Paare miteinander streiten, hat man oft das Gefühl, dass sie aneinander vorbeireden und die eine Seite nicht versteht, was die andere Seite meint. Aus diesen Missverständnissen ergeben sich wiederum neue Streitigkeiten. Die Eskalation der Auseinandersetzung ist abzusehen.

Welche Frau hat nicht schon einmal das Gefühl gehabt, dass der Partner von einem „anderen Planeten" zu sein scheint, so unerreichbar ist er oder so schwer nachvollziehbar das, was er sagt? John Gray hat den Unterschied zwischen den Geschlechtern auf die wunderbare Formel gebracht: „Frauen sind von der Venus, Männer vom Mars."

Er hat sicher Recht, wenn er meint, dass Streit bei Paaren oft deshalb entsteht, weil Männer ihre Gefühle ganz anders zum Ausdruck bringen als Frauen, und dass sie die Gefühle ihrer Partnerin meistens völlig falsch einschätzen oder nicht ernst nehmen. Es wäre schon praktisch, wenn man einen, wie Gray es nennt, marsianisch-venusianischen Sprachführer hätte, um zu übersetzen, was die oder der andere eigentlich genau meint.

Wenn Sie sagt: *„Nie gehen wir aus"*, dann wüsste er nach dem Blick in ein solches Wörterbuch sofort, dass sie mal wieder Lust hat, auszugehen und etwas mit ihm unternehmen möchte. Außerdem drückt sie damit aus, dass sie gern mit ihrem Partner zusammen ist und dass sie hofft, dass er das genauso sieht und zum Beispiel vorschlägt, mit ihr essen zu gehen. Ohne Wörterbuch kann Mann da ganz schön auf dem Schlauch stehen, könnte er ihren Satz doch auch als Angriff verstehen, nach dem Motto: *„Was bist du für ein fauler, unromantischer Langweiler: Nie unternehmen wir etwas zusammen."* [25]

Und was passiert, wenn er genau das heraushört? Schon fühlt er sich beschimpft, die Stimmung wird nicht gerade steigen, wahrscheinlich rutscht ihm die nächste unfreundliche Bemerkung über die Lippen und der dickste Streit ist da.

Auch in folgenden Beispielen würde eine Übersetzung dazu beitragen, dass es nicht zur heftigen Auseinandersetzung kommt:

Sie: *„Am liebsten würde ich über gar nichts mehr nachdenken müssen."*
Das heißt nichts anderes, als dass sie jemanden braucht, der ihr zuhört. Ihr Partner soll gar nicht gleich handfeste Ratschläge parat haben, er soll sich vielmehr in Ruhe anhören, was sie bedrückt. Denn im Grunde ist sie zufrieden und hatte lediglich in letzter Zeit zu viel um die Ohren. Gefragt ist ein Partner, der darauf eingeht.

Ein Mann versteht solch eine Aussage leicht falsch. Womöglich hört er da den Vorwurf heraus, dass er nicht der richtige Partner für sie sei, dass sie unglücklich mit der Beziehung und überhaupt ihrem Leben ist.

Ähnlich vorwurfsvoll klingt folgender Satz in den Ohren eines Mannes. Sie sagt: *„Ich hätte es gern wieder etwas romantischer"* und meint damit, dass sie wieder mehr Zeit mit ihm verbringen möchte. Sie sehnt sich nach früher, als er sie mehr verwöhnt hat, ihr Geschenke gemacht hat und dergleichen.

Er aber versteht sie so: *„Du bist nicht der Richtige für mich, andere Männer haben es besser verstanden, mich zu verführen. Du machst mich nicht mehr an."*

Aber es ist ja nicht so, dass nur Männer ihre Schwierigkeiten haben, Frauen zu verstehen. Umgekehrt entstehen ebenso leicht Missverständnisse, aus denen sich im Nu die größten Streitereien entwickeln können.

Wenn ein Mann zum Beispiel sagt: *„Es ist nichts"*, will er damit signalisieren, dass er keine Lust hat, über seinen Ärger zu sprechen bzw. meint, allein mit einer Sache fertig zu werden, und vor allem keine Fragen gestellt bekommen möchte. Frauen verstehen den gleichen Satz oft als Aufforderung, nachzufragen, was ihn bedrückt, um ihm dann helfen zu können. Doch je länger sie nachbohrt, desto schlechter wird seine Laune und desto größer die Wahrscheinlichkeit für einen unangenehmen Streit.

Ein weiteres Beispiel: Sagt der Mann: *„Kein Problem"*, will er damit zum Ausdruck bringen, dass er etwas gern tut, dass es ihm nicht schwer fällt, etwas Bestimmtes zu erledigen. Sie hingegen glaubt, dass er nicht versteht, dass es für sie ein Problem ist. Folge: Sie fängt an zu erklären, warum es ein Problem für sie ist. Und schon stecken die beiden in der dicksten Diskussion, die wegen beiderseitigen Unverständnisses zu eskalieren droht. [26]

Das Schweigen der Männer

Laut John Gray ist es für jeden Mann eine große Herausforderung, eine Frau richtig zu verstehen, wenn sie über ihre Gefühle spricht. Für die Frau wiederum bestehe die größte Herausforderung darin, einen Mann richtig zu interpretieren, wenn er nichts sagt.

Haben Sie sich nicht auch schon einmal über das Schweigen Ihres Partners geärgert oder zumindest gewundert? *„Warum sagst du nichts, was denkst du?"*, fragen viele Frauen ihre Männer, weil sie mit deren plötzlichem Verstummen nichts anfangen können. Sie glauben, der Partner ignoriere sie, weil ihm das Gesagte nicht wichtig ist. Vielleicht nehmen sie sogar an, dass er sie nicht mehr liebt, sie ihm nicht mehr wichtig ist oder er sie verlassen will ...

Für eine Frau ist es gar nicht abwegig, immer gleich das Schlimmste anzunehmen, wenn der Mann sich in Schweigen hüllt. Sie selbst nämlich würde sich nur dann so verhalten, wenn sie sich sehr verletzt fühlt, ihrem Partner nicht mehr vertraut oder schlicht nichts mehr mit ihm zu tun haben will. Kein Wunder also, dass bei uns Frauen die Alarmglocken klingeln, wenn dem Freund oder Ehemann kein Wort über die Lippen kommt.

Tatsächlich ist das Schweigen der Männer jedoch kein Grund zur Panik. Grays Rezept: Ihn am besten erst einmal in Ruhe lassen. Denn wenn ein Mann nichts sagt, heißt das nicht, dass er seiner Partnerin nicht zugehört hat, nicht über das Problem nachdenkt oder sich gar mit „Abwanderungsgedanken" trägt. Es bedeutet lediglich, dass er noch nicht recht weiß, was er sagen soll. Für ihn wird die Situation nicht einfacher, wenn sie immer wieder nachbohrt und fragt und fragt und fragt. Das setzt ihn unter Stress, macht ihn vielleicht sogar wütend. Mit anderen Worten: Es hat wenig Sinn, den Mann zum Reden bringen zu wollen, bevor er bereit dazu ist.

Hilfestellung für Männer

Ebenso schwer nachvollziehbar wie das Schweigen der Männer ist es für uns Frauen zu verstehen, warum sich Männer oft schwer tun, wenn wir ihnen unsere Hilfe anbieten. Laut Gray fühlt sich ein Mann eingeengt, wenn seine Frau versucht, ihm bei der Lösung seiner Schwierigkeiten zu helfen. Für ihn sieht das nämlich so aus, als traue sie ihm nicht zu, das Problem allein zu bewältigen. Noch schlimmer für ihn: Die Frau legt ihm nahe, sich den Rat eines Fachmannes (Fachfrau?) zu holen. Da kann Mann sich richtig beleidigt fühlen.

Vielleicht haben Sie ja auch schon einmal folgende Situation erlebt, wie sie meiner Freundin Elizabeth passiert ist. Sie hat mit ihrem Freund eines Tages einen Ausflug nach Hamburg unternommen, um Bekannte zu besuchen. Allerdings fanden die beiden die neue Adresse nicht auf Anhieb. Nachdem sie innerhalb von 25 Minuten zum dritten Mal bei derselben Tankstelle vorbeigekommen waren und meine Freundin sich überlegte, ob sie dem netten jungen Mann von der Tanke nicht langsam das Du anbieten sollte, wagte sie es:

„Ganz vorsichtig flüstere ich: ‚Duuu, ich glaube, wir haben uns verfahren.‘ Seine Empörung ist grenzenlos: ‚Ich weiß ganz genau, wo wir sind.‘ Und das schon zum dritten Mal, denke ich nicht ohne Häme – bin ich es doch sonst, der ‚Mann‘ nachsagt, dass sie keinerlei Orientierungssinn habe. Er aber fände alles auf Anhieb wieder – auch wenn er nur ein einziges Mal irgendwo gewesen sei … Ein Blick aus dem Fenster bestätigt meine schlimmsten Befürchtungen: schon wieder die Tankstelle. ‚Vielleicht sollten wir jemanden nach dem Weg fragen‘, wage ich zögernd einzuwerfen. Seine Augen verengen sich, Blitze fliegen durchs Auto, der zornige Blick verrät mir, dass ‚jemanden nach dem Weg fragen‘ mindestens ‚lebenslänglich‘ nach sich zieht …“ [27]

Männer wollen, dass wir Frauen Zutrauen in ihre Fähigkeiten haben. Ein Mann kann erst dann Hilfe akzeptieren, wenn er selbst alles getan hat, was ihm möglich ist. Bei Frauen ist das ganz anders. Sie finden es prima, ja, sie erwarten es sogar, dass ihr Partner von sich aus Hilfe anbietet. Denn wir Frauen gehen davon aus, dass ein Mann es doch merken muss, wenn wir seine Unterstützung brauchen. Das ist aber ein Irrtum. Männer wollen um Hilfe gebeten werden – und zwar möglichst direkt.

Frauen fühlen sich oft gekränkt und sehen es als Ausdruck mangelnder Liebe, wenn der Freund oder Ehemann nicht von selbst darauf kommt, seine Hilfe anzubieten. Welche Frau wünscht sich nicht einen Partner, der ihr die Wünsche von den Augen abliest? Im Grunde steckt die Bitte dahinter: „Finde heraus, was ich meine."

Doch es kann sehr müßig sein, darauf zu warten, dass ein Mann von selbst aktiv wird. Denn er glaubt, dass alles in Ordnung ist und von ihm nichts mehr erwartet wird, wenn sie nicht fragt. Manche Frauen denken, wenn sie ihrem Mann nur positiv vorleben, wie man hilft, müsse er eines Tages von selber darauf kommen, es auch zu tun. Die Hoffnung der Frauen: Ich helfe ihm und irgendwann hilft er mir. Doch da kann frau lange warten. Vielleicht wird sie ihn, weil von ihm nichts kommt, doch eines Tages bitten – allerdings hat sich dann schon so viel Wut aufgestaut, dass die Bitte mehr wie ein Vorwurf klingt. Keine guten Voraussetzungen, um ans erhoffte Ziel zu gelangen. Schon verhärten sich die Fronten und möglicherweise macht er dann erst recht nichts.

Nicht durch die Blume sprechen

Wichtig ist auch, dass frau sich direkt ausdrückt, eine Bitte klar zum Ausdruck bringt und nicht durch die Blume spricht. Oft bitten Frauen den Mann nicht ausdrücklich um Hilfe. Sagt sie zum Beispiel: *„Es sind noch Sachen im Auto"*, meint sie damit eigentlich, dass er sie holen soll. Er jedoch reagiert wahrscheinlich verärgert, weil er in ihrer Äußerung eine versteckte Kritik an seinem Verhalten wittert.[28]

Zusammengefasst lässt sich festhalten: Männer und Frauen sprechen anders. Dass es zwischen beiden immer wieder zu Missverständnissen kommt, ist kaum zu verhindern. Fast müsste man sich schon wundern, dass trotz all der Möglichkeiten an Störungen, die sich zwischen den Geschlechtern und zwischen Menschen überhaupt ergeben können (siehe Friedemann Schulz von Thuns Erklärungsmodell, Seite 92 ff.), gute Partnerschaften überhaupt möglich sind. Wichtig ist, dass beide Seiten aufhören, einander die eigenen Formen der Problembewältigung aufzudrängen oder den Partner bzw. die Partnerin ändern zu wollen. Um Missverständnisse und verletzende Auseinandersetzungen zu vermeiden, ist es wichtig, sich immer wieder in das Denken und Fühlen des Gegenübers hineinzuversetzen und vor allem bewusster mit dem eigenen Sprechstil umzugehen.

Zum Abschluss dieses Kapitels habe ich die wichtigsten Punkte in Sachen Paartalk in der folgenden Checkliste aufgeführt:

CHECKLISTE

- Gehen Sie Konfliktgesprächen nicht aus dem Weg. Konflikte gehören zum Leben dazu.
- Verdrängen Sie Ihre Gefühle nicht, wenn Sie verletzt worden sind.
- Nehmen Sie Ihre eigenen Interessen wahr.
- Stellen Sie sicher, dass Sie Ihr Gegenüber richtig verstanden haben, bevor Sie antworten.
- Denken Sie an die vier Aspekte einer Nachricht: Sachinhalt, Selbstoffenbarung, Beziehungsebene und Appell.
- Überlegen Sie sich vor einem Streit, was Sie mit ihm erreichen möchten.
- Nehmen Sie sich ausreichend Zeit für das Gespräch.
- Sagen Sie deutlich, worum es Ihnen in der Auseinandersetzung geht.
- Bleiben Sie beim Thema.
- Lassen Sie „alte Geschichten" ruhen.
- Hören Sie Ihrem Partner aufmerksam zu.
- Legen Sie ihm nichts in den Mund.
- Fragen Sie bei Zweideutigkeiten und Unklarheiten nach.
- Lassen Sie sich nicht zu Beleidigungen hinreißen.
- Vermeiden Sie Du-Aussagen so weit es geht.
- Sagen Sie klar und deutlich, was Sie sich wünschen und erwarten.
- Mit Befehlen kommen Sie nicht weiter.
- Entschuldigen Sie sich, wenn Sie sich im Ton vergriffen haben.
- Und denken Sie immer daran: Männer und Frauen sprechen unterschiedliche Sprachen. „Übersetzen" Sie sich den Beitrag Ihres Partners erst, bevor Sie darauf reagieren.

John Gray hat Männern und Frauen viele hilfreiche Tipps zu bieten, um das gegenseitige Verständnis und Miteinander in ihren Beziehungen zu fördern. Aber auch er bleibt leider dem alten Rollendenken verhaftet: Kinder und Küche sind Frauenarbeit. Er beschreibt, wie frau es geschickt anstellen kann, um den Mann zur Mithilfe im Haushalt zu bewegen. Wenn sie das nicht hinbekommt, dann bleibt sie allein auf der Arbeit sitzen. In Grays Buch sind keine Beispiele darüber zu finden, wie es dem Mann gelingt, die Frau zur Mitarbeit zu bewegen.

Sie sagen jetzt vielleicht: „Natürlich nicht, denn diese Konstellation entspricht – das wissen wir Frauen zur Genüge – nicht der Realität." Die wenigen Männer, die sich von sich aus genauso oder vorrangig für den Haushalt verantwortlich fühlen wie die Frauen, kann man in der Tat an einer Hand abzählen. Die Wirklichkeit sieht eben anders aus: Da muss sich frau schon glücklich schätzen, wenn ihr Mann einen Teil der Aufgaben, die Haushalt und Kindererziehung erforderlich machen, übernimmt.

Die Tatsache, dass uns Frauen Kinder und Küche nach wie vor ganz selbstverständlich zugeschrieben werden, bedeutet nicht nur eine große Belastung, sie ist auch der Karriereblocker schlechthin.

Sprache als Karrierebeschleuniger

„Jeder erfolgreiche Mann hat eine Frau im Rücken, erfolgreiche Frauen haben bestenfalls einen Mann im Nacken."

Kennen Sie diesen Spruch? Er ist nicht nur ein passendes Zitat für dieses Kapitel, sondern schon fast so etwas wie eine Binsenweisheit, die sogar wissenschaftlich belegt ist. Immer wieder zeigen Untersuchungen, dass das Hauptproblem vieler Frauen, die Karriere machen wollen, die Unvereinbarkeit von Familie und Beruf ist. Schließlich gilt noch immer, dass Familie, Haushalt und Kindererziehung Frauensache sind.

Eine empirische Studie des Instituts für Führung und Sozialmanagement an der renommierten Universität St. Gallen hat über 700 männliche und weibliche Führungskräfte aus 13 deutschen und schweizerischen Unternehmen befragt. Ergebnis: 34 Prozent der befragten Führungsfrauen sind allein stehend. Bei den männlichen Führungskräften sind es nur 4 Prozent. [29]

Nur ein Fünftel der weiblichen, aber immerhin rund drei Viertel der männlichen Führungskräfte haben Kinder. Offensichtlich bedeutet es für eine beruflich aktive Frau, dass es hinderlich ist, einen Mann an ihrer Seite zu haben; für einen Mann hingegen ist eine Partnerin eher förderlich. Wir wissen das alle aus eigener Erfahrung.

Wenn Frauen Karriere machen wollen, läuft manches anders. Auch das hat sich mittlerweile herumgesprochen: Eine Frau muss besser sein als ein Mann, wenn sie vorankommen will. Und auch dann ist ihr der Aufstieg nicht sicher.

Familie und Karriere – beides erfolgreich zu managen, geht nicht ohne die Mithilfe des Partners. Daher ist es wichtig, dass Sie mit ihm eindeutige Absprachen und Abmachungen treffen, wer wofür im Haushalt zuständig ist. Auch wenn es zu Beginn nicht immer richtig klappt, beharren Sie weiterhin auf Arbeitsteilung. Sie als Frau müssen lernen, die Arbeit im Haushalt tatsächlich abzugeben und sich von der Vorstellung zu lösen, Sie allein seien für Küche und Kinder zuständig.

Frauen überschätzen oft die Stärke ihres Partners. Ihr Mann hat möglicherweise nicht nur Angst vor Belastungen oder Unannehmlichkeiten, sondern auch vor Veränderungen, die in Ihrer Persönlichkeit vor sich gehen. Die Angst des Mannes vor einer starken Frau, die vielleicht so stark wird, dass sie ihn gar nicht mehr braucht, verbirgt sich dahinter. Versuchen Sie, ihm diese Ängste, so gut es geht, zu nehmen.

Eine wesentliche Voraussetzung für Ihren Karrieresprung besteht also darin, dass der Partner mitzieht. Aber das allein reicht natürlich nicht. Frau muss einiges mehr in Bewegung setzen. Ganz entscheidend ist auch hier wieder, wie gut sie mit Worten umgehen kann. Acht Karriereschritte bringen Sie nach vorn:

1. Ziele benennen
2. Forderungen stellen
3. Von sich reden machen
4. Neinsagen lernen
5. Dem Perfektionismus eine Absage erteilen
6. Gekonnt mit Kritik umgehen
7. Unterstützung suchen
8. Neues wagen

Karriereschritt 1: Ziele benennen

Karriereplanung funktioniert nur, wenn Sie Ihr Ziel klar benennen. Die wenigsten Frauen können genau sagen, wo sie in drei oder fünf Jahren angekommen sein wollen. Doch Sie müssen wissen, wohin die Reise geht. Im Koran heißt es: „Wenn man das Ziel nicht kennt, ist kein Weg der richtige."

Anders ausgedrückt: Bevor wir etwas in die Tat umsetzen, brauchen wir eine Vorstellung davon, was wir überhaupt wollen. Wir benötigen eine Vision. Visionen sind bildhafte Vorstellungen einer möglichen und erstrebenswerten Zukunft, die immer wieder ins Gedächtnis gerufen werden müssen, wenn sie zur richtungweisenden Kraft im Leben werden sollen.

Der amerikanische Unternehmer A. L. Williams, der innerhalb kürzester Zeit Milliardenumsätze mit Lebensversicherungen erzielt hat, sagt: „Träume sind der Treibstoff der Wünsche. IQ, Bildung, sozialer Status – das spielt sicher eine Rolle, aber man muss einen Traum haben, der sich mit den eigenen Überzeugungen und Wertvorstellungen deckt."

Visionen bieten Vorteile:
- Visionen geben einen groben Rahmen vor, den es im alltäglichen Leben flexibel auszufüllen gilt.
- Sie lenken Energien in eine gewünschte Richtung.
- Durch Visionen werden innere Kräfte aktiviert und mobilisiert.
- Durch Visionen wird das Leben klarer, übersichtlicher und zugleich interessanter.

Wissen Sie, was Sie wirklich wollen? Wann haben Sie das letzte Mal in sich hineingehorcht, um zu prüfen, ob Sie auf dem richtigen Weg sind? Wenn das lange her ist, dann ist es höchste Zeit, es schleunigst nachzuholen. Vielen Menschen fällt gerade das schwer. Wir haben es uns regelrecht verboten oder die Anforderungen des Alltags haben dazu geführt, dass wir nur noch funktionieren, Pflichten erfüllen und Stück für Stück von dem abkommen, was wir eigentlich wollten und was wir uns einmal vorgenommen hatten.

Bei vielen Menschen muss erst eine große Krise eintreten, zum Beispiel eine schwere Krankheit, damit sie wieder „zur Besinnung" kommen. Dann wird ihnen schlagartig klar, was wichtig ist und was nicht, worauf es ihnen im Leben ankommt und worauf nicht. Doch muss es wirklich immer erst zu solch einer bedrohlichen Situation kommen, dass man in sich hineinfühlt und überprüft, ob man auf dem richtigen Weg ist?

Fahnden Sie nach Ihren Wünschen, machen Sie sich ein Bild von dem Leben, das Sie wirklich führen möchten. Innere Wunschbilder haben sehr viel Kraft. Lassen Sie sie raus.

Machen Sie sich Ihre Visionen einmal bildlich klar: Schließen Sie die Augen – was sehen Sie? Nehmen Sie eine paar Filzstifte und ein Blatt Papier, und zeichnen Sie, wie Sie sich Ihren Traum vom beruflichen Erfolg vorstellen. Werfen Sie so oft wie möglich einen Blick auf Ihr Bild und prägen Sie es sich gut ein. Träumen Sie ruhig, wie schön es wäre, dieses Ziel erreicht zu haben.

Die Kraft des Unterbewussten

Stellen Sie sich mental auf den Erfolg ein. Diese Methode kennt man aus dem Leistungssport, zum Beispiel von den Ski-Abfahrtsläufern, die vor dem Rennen mit geschlossenen Augen jeden Streckenabschnitt noch einmal durchgehen. Also: Welches Ziel haben Sie? Wie kann der Weg dahin aussehen? Welches Ergebnis steuern Sie an? Springen Sie gedanklich und visuell in die Zukunft hinein. Und sehen Sie sich am Ziel, zufrieden mit dem Erreichten.

Ihr Unterbewusstsein wird so auf das Erreichen des Ziels ausgerichtet. Und natürlich motiviert es auch, sich das schöne Ergebnis vorzustellen. Man nennt so etwas positive Affirmationstechnik, und es geht dabei um positives Verstärken einer Vorstellung. Haben Sie Ihre Vision immer vor Augen, und nutzen Sie die große Energie, die Ihr Unterbewusstsein zur Verfügung stellt. Nur rein verbal formulierte Ziele sprechen lediglich das Bewusstsein an und können auch nur 5 Prozent Ihrer Energie aktivieren. Viel mehr Kraft steckt im Unterbewussten, weil hier gesehen, gefühlt und erlebt wird.

Es ist schon eine komische Sache mit dem Unbewussten. Es kann zum Beispiel ein „nicht" nicht verstehen. Was das heißen soll? Ganz einfach. Probieren Sie bitte Folgendes aus: Stellen Sie sich jetzt bitte *keine* lila Schildkröte vor. Nein, nicht! Und? Was taucht vor Ihrem geistigen Auge auf? Ich ahne es: die lila Schildkröte.

Das Unbewusste ist dazu da, das Bewusstsein von Millionen von Informationen zu entlasten. Es ist in seiner Hauptfunktion ein Informationsspeicher, der die Information jederzeit frei gibt, wenn sie gebraucht wird. Das Unbewusste funktioniert ganz einfach. Es nimmt wahr, was wir denken und fühlen, und überprüft, ob das, was wir denken, identisch ist mit dem, was wir wünschen. Das Unbewusste nimmt Sie sozusagen beim Wort und verwirklicht das, was Sie denken.

Die Zielsetzung lautet, sein Tun und Handeln bewusst auf bestimmte Leitlinien und Orientierungen auszurichten und damit weniger fremd-

und mehr selbstbestimmt zu leben, um dort anzukommen, wo Sie hin möchten, und nicht dort, wo andere Sie haben wollen. Setzen Sie sich bewusst Ziele, um damit auch Ihre unbewussten Kräfte auf Ihr Tun auszurichten.

Viele haben Angst, Ziele zu formulieren, und lassen es deshalb bleiben. Denn wer sich Ziele setzt, wird auch an ihnen gemessen werden. Und wer will schon gern einen Misserfolg riskieren? Aber versuchen Sie, diesen inneren Widerstand zu überwinden. Sich der eigenen Ziele bewusst zu werden, kann eine erhebliche Selbstmotivation für die eigene Arbeit bedeuten. Ohne Ziele ist jede Tätigkeit und jedes Arbeitsergebnis richtig und falsch. Denn es gibt keinen Maßstab. Ein nicht gestecktes Ziel kann nicht erreicht, aber auch nicht verfehlt werden. Ziele sind deshalb auch der Maßstab zur Beurteilung von Leistungen. Und: Wenn Sie Ziele haben, dann sieht man Ihnen das auch an. Sie sind jemand, die weiß, was sie will.

Wie Sie Ihre Ziele erreichen

Ob Sie Ihr Ziel erreichen, hängt wesentlich von folgenden Faktoren ab:

* **Spaßfaktor:** Begeistert Sie Ihr Ziel? Ziele erreichen Sie einfacher, wenn Sie mit Freude bei der Sache sind. Es ist eine Binsenweisheit, dass alles, was Vergnügen bereitet, leichter von der Hand geht. Ziele müssen lohnenswert sein, damit sie zur Verwirklichung motivieren und es sich lohnt, für sie zu arbeiten. Nur wer sich anstrengen muss, um sein Ziel zu erreichen, fühlt sich auch belohnt, wenn er dort ankommt.

* **Realitätsfaktor:** Wie realistisch ist Ihr Ziel – was spricht dafür, was spricht dagegen? Können Sie zum Beispiel Ihre Ziele in Ihrer jetzigen Firma umsetzen? Die Gefahr bei zu hoch gesteckten Zielen besteht darin, dass die Anforderungen nicht zu erfüllen sind. Wenn es nicht klappt, ist die Enttäuschung groß, und die Angst, etwas Neues zu versuchen, wächst von Mal zu Mal.

* **Ernsthaftigkeitsfaktor:** Sind Sie sicher, dass Sie Ihr Ziel wirklich erreichen wollen? Wer über sein Ziel so spricht: „Eigentlich könnte ich ...“, „Es wäre nicht schlecht, wenn ...“, zeigt nicht genug Willenskraft. Glauben Sie an sich selbst? Sind Sie von sich überzeugt? Nein? Wie wollen Sie dann andere überzeugen?

● **Durchhaltefaktor:** Sie müssen sich klarmachen, dass auf dem Karriereweg mitunter mit harten Bandagen gekämpft wird. Viele Frauen finden es unredlich und moralisch nicht in Ordnung, dass es beim Karrieremachen nicht nur darum geht, gut zu sein, sondern dass Seilschaften, Eigenwerbung und Taktik mindestens ebenso bedeutend sind. Aber: That's life, oder besser business. Können Sie sich damit arrangieren? Sie müssen wissen: Niemand ebnet Ihnen den Weg, wenn Sie Karriere machen wollen. Im Gegenteil, da gibt's viele, die alles versuchen werden, Sie davon abzubringen – nicht nur die konkurrierenden Kollegen. Nicht selten ist es die eigene Familie, die befürchtet, dass Sie sich von nun an weniger um sie kümmern, der Partner, der Angst vor Konkurrenz hat, die Freundinnen vielleicht, die mit einem Mal ihr eigenes Leben, das sich ganz auf das Dasein als Hausfrau und Mutter konzentriert, infrage gestellt sehen. Niemand räumt Ihnen als Vorleistung Steine aus dem Weg, das müssen Sie schon selbst tun.

Können Sie damit leben? Wenn ja, dann sollten Sie sich klar vor Augen führen:
● Was Sie wollen.
● Bis wann Sie es wollen.
● In welchem Ausmaß Sie es wollen.

Was wollen Sie?

Machen Sie es so konkret wie möglich! Ziele sollen spezifisch und messbar sein, damit man weiß, wann sie erreicht sind. Nur zu sagen: *„Mein Ziel soll sein, mehr zu delegieren"*, ist nicht präzise genug. Das Wort *„mehr"* kann alles bedeuten. Wer das Spitzen von Bleistiften an eine Sekretärin weiterleitet, kann auch sagen, er habe mehr delegiert. Versuchen Sie, Ziele festzulegen, die sich in unmittelbare Handlungen umsetzen lassen.

Beispiel:
Sagen Sie nicht: *„Ich will gesünder leben."*
Sagen Sie: *„Ich will jeden Tag nach dem Aufstehen 15 Minuten Gymnastik machen oder 20 Minuten joggen."*

Bis wann wollen Sie es?

Ziele müssen eine Frist haben, bis wann sie erreicht sein sollen, damit sie auch ernst genommen werden. Jeder hat so viele Terminarbeiten zu erledigen, dass eine Aufgabe ohne festen Erledigungstermin kaum ernst genommen wird. Nicht zuletzt deshalb leidet oft auch das Privatleben, weil Eis essen gehen, joggen oder ins Kino gehen meist spontan entschieden und eher nachrangig behandelt werden.

In welchem Ausmaß wollen Sie es?

Ziele müssen erreichbar sein, sonst entstehen nur Enttäuschungen. Der Karriereplan „von der Tellerwäscherin zur Millionärin" eignet sich nicht. Lassen Sie sich aber nicht sofort wieder von Ihrem Weg abbringen, wenn etwas nicht gleich klappt. Erfahrungsgemäß besteht nach rund 100 Tagen die Gefahr der Demotivation. 90 Prozent der Menschen kehren dann um, wenn es problematisch wird. Und problematisch ist jede Veränderung.

Ziele werden erreichbarer, wenn man große Strecken in kleine Teilabschnitte gliedert. Machen Sie den steilen Berg begehbar. „Selbst die längste Reise beginnt mit dem ersten Schritt", heißt es in einem chinesischen Sprichwort.

Diesen Gedanken veranschaulicht sehr schön ein Kapitel aus Michael Endes Buch „Momo":

„Der Alte hieß Beppo Straßenkehrer. In Wirklichkeit hatte er wohl einen anderen Nachnamen, aber da er von Beruf Straßenkehrer war und alle ihn deshalb so nannten, nannte er sich selbst auch so. Beppo Straßenkehrer wohnte in der Nähe des Amphitheaters in einer Hütte, die er sich aus Ziegelsteinen, Wellblechstücken und Dachpappe selbst zusammengebaut hatte. Er war ungewöhnlich klein und ging obendrein immer ein bisschen gebückt, sodass er Momo nur wenig überragte. Seinen großen Kopf, auf dem ein kurzer weißer Haarschopf in die Höhe stand, hielt er stets etwas schräg, auf der Nase trug er eine kleine Brille.

Manche Leute waren der Ansicht, Beppo Straßenkehrer sei nicht ganz richtig im Kopf. Das kam daher, dass er auf Fragen nur freundlich lächelte und keine Antwort gab. Er dachte nach. Und wenn er eine Antwort nicht nötig fand, schwieg er. Wenn er aber eine für nötig hielt, dann dachte er über diese Antwort nach. Manchmal dauerte es zwei Stunden, mitunter aber auch einen ganzen Tag, bis er etwas erwiderte. Inzwischen hatte der andere natürlich vergessen, was er gefragt hatte, und Beppos Antworten kamen ihm wunderlich vor.

Nur Momo konnte so lange warten und verstand, was er sagte. Sie wusste, dass er sich so viel Zeit nahm, um niemals etwas Unwahres zu sagen. Denn nach seiner Meinung kam alles Unglück der Welt von den vielen Lügen, den absichtlichen, aber auch den unabsichtlichen, die nur aus Eile oder Ungenauigkeit entstehen.

Er fuhr jeden Morgen lange vor Tagesanbruch mit seinem alten, quietschenden Fahrrad in die Stadt zu einem großen Gebäude. Dort wartete er in einem Hof zusammen mit seinen Kollegen, bis man ihm einen Besen und einen Karren gab und ihm eine bestimmte Straße zuwies, die er kehren sollte.

Beppo liebte diese Stunden vor Tagesanbruch, wenn die Stadt noch schlief. Und er tat seine Arbeit gern und gründlich. Er wusste, es war eine sehr notwendige Arbeit.

Wenn er so die Straßen kehrte, tat er es langsam, aber stetig: bei jedem Schritt einen Atemzug und bei jedem Atemzug einen Besenstrich. Schritt – Atemzug – Besenstrich. Schritt – Atemzug – Besenstrich. Dazwischen blieb er manchmal ein Weilchen stehen und blickte nachdenklich vor sich hin. Und dann ging es wieder weiter – Schritt – Atemzug – Besenstrich – – –.

Während er sich so dahinbewegte, vor sich die schmutzige Straße und hinter sich die saubere, kamen ihm oft große Gedanken. Aber es waren Gedanken ohne Worte, Gedanken, die sich so schwer mitteilen ließen wie ein bestimmter Duft, an den man sich nur gerade eben noch erinnert, oder wie eine Farbe, von der man geträumt hat. Nach der Arbeit, wenn er bei Momo saß, erklärte er ihr seine großen Gedanken. Und da sie auf besondere Art zuhörte, löst sich seine Zunge, und er fand die richtigen Worte.

,Siehst du, Momo', sagte er dann zum Beispiel, ,es ist so: Manchmal hat man eine sehr lange Straße vor sich. Man denkt, die ist so schrecklich lang, das kann man niemals schaffen, denkt man.' Er blickte eine Weile schweigend vor sich hin, dann fuhr er fort: ,Und dann fängt man an, sich zu eilen. Und man eilt sich immer mehr. Jedes Mal, wenn man aufblickt, sieht man, dass es gar nicht weniger wird, was noch vor einem liegt. Und man strengt sich noch mehr an, man kriegt es mit der Angst und zum Schluss ist man *ganz außer Puste und kann nicht mehr. Und die Straße liegt immer noch vor einem. So darf man es nicht machen.'*

Er dachte einige Zeit nach. Dann sprach er weiter. ,Man darf nie an die ganze Straße auf einmal denken, verstehst du? Man muss nur an den nächsten Schritt denken, an den nächsten Atemzug, an den nächsten Besenstrich. Und immer wieder an den nächsten.'

Wieder hielt er inne und überlegte, ehe er hinzufügte: ,Dann macht es Freude; das ist wichtig, dann macht man seine Sache gut. Und so soll es sein.'

Und abermals nach einer langen Pause fuhr er fort: ,Auf einmal merkt man, dass man Schritt für Schritt die ganze Straße gemacht hat. Man hat gar nicht gemerkt, wie, und man ist nicht außer Puste.' Er nickte vor sich hin und sagte abschließend: ,Das ist wichtig.'" [30]

Wenn Sie sich noch nicht darüber im Klaren sind, wie Sie Ihr Ziel am besten erreichen, dann helfen Ihnen sicher folgende Fragen weiter:

Fünf Stufen zum Ziel

1. Nehmen Sie Ihr berufliches Umfeld unter die Lupe
- Gibt es für Sie Entwicklungsmöglichkeiten in Ihrer Firma?
- Wie läuft die Zusammenarbeit mit den Kolleginnen und Kollegen?
- Fördert Ihr Chef Sie? Zeigt er sich gesprächsbereit?

2. Planen Sie Zielschritte
- Bis wann wollen Sie Ihr Ziel erreichen?
- Haben Sie Ihr Ziel in Etappen mit Zwischenzielen eingeteilt? (Siehe oben)
- Haben Sie Unterstützerinnen und Unterstützer gesucht, die Ihnen helfen können?
- Wie können Sie Ihre Fähigkeiten erweitern?

3. Zeigen Sie, was in Ihnen steckt
- Sprechen Sie regelmäßig mit Ihrem Chef über Ihre Karriereplanung?
- Unterstreichen Sie Ihr Interesse an mehr Verantwortung?
- Machen Sie Marketing in eigener Sache? (Siehe Seite 125–152)
- Zeigen Sie Engagement und Eigeninitiative?

4. Überprüfen Sie Ihren Weg
- Was haben Sie bisher erreicht, was nicht und warum nicht?

- Stimmt Ihr Zeitplan?
- Wollen Sie Ihr Ziel überhaupt noch erreichen?
- Tun Sie genug zur Erreichung Ihres Zieles? (Siehe auch 3.)

5. Endspurt
- Haben Sie Ihr Ziel erreicht?
- Wenn nein: warum nicht? Was müssen Sie verbessern?
- Wenn ja: Welche Stärken, Leistungen waren entscheidend? Wer hat Ihnen geholfen?

Die wichtigste Aspekte zum Thema Zielsetzung finden Sie in folgender Checkliste:

CHECKLISTE

- **Ziele sind wichtig: „Wenn man das Ziel nicht kennt, ist kein Weg der richtige."**
- **Mit Zielen lenken Sie Ihr Tun und Handeln bewusst in eine Richtung.**
- **Ziele fördern die Selbstmotivation.**
- **Ziele müssen realistisch und lohnenswert sein.**
- **Entscheidend ist, ob Sie Ihr Ziel wirklich erreichen wollen.**
- **Sie benötigen ein großes Durchhaltevermögen.**
- **Rechnen Sie damit, dass man Ihnen Steine in den Weg legt.**
- **Stellen Sie sich Ihr Ziel bildlich vor.**
- **Erstellen Sie einen Plan, was Sie bis wann in welchem Ausmaß erreicht haben wollen.**
- **Unterteilen Sie große Ziele in kleine Unterziele.**
- **Sprechen Sie mit Ihren Vorgesetzten über Ihre Pläne.**
- **Prüfen Sie zwischendurch immer wieder, ob Sie auf dem richtigen Weg sind.**

Karriereschritt 2: Forderungen stellen

Imke, 36, arbeitet schon seit zwölf Jahren in demselben Unternehmen – immer in derselben Position. Kollegen, die mit ihr zusammen angefangen haben, sind längst an ihr vorbeigezogen und haben Karriere gemacht. Wenn man sie fragt, woran es ihrer Meinung nach liege, dass es bei ihr nicht vo-

rangeht, sagt sie: „Frauen gibt es hier kaum in Führungspositionen. Außerdem habe ich nie die wichtigen Aufträge und Projekte bekommen. Die kriegen immer nur die anderen."

Viele Frauen beklagen sich, dass Vorgesetzte sie einfach übergehen, ihre Leistungen nicht wahrnehmen und ihnen keine Möglichkeiten bieten, sich zu profilieren.

Das stimmt. Ihre Vorgesetzten würden möglicherweise niemals von selbst auf die Idee kommen, Ihnen mehr Verantwortung zu übertragen. Sie müssen das fordern. Viele Frauen warten auf eine Art Erlaubnis zum Erfolg. Doch wer Erfolg haben will, darf nicht warten, sondern muss den Mut haben, Dinge einzufordern. Vielleicht ist Ihr Chef zufrieden mit Ihrer Arbeit. Doch das genügt nicht. Er wird die Gehaltserhöhung, den besseren Job oder die lohnenderen Aufgaben nicht nur den Mitarbeiterinnen und Mitarbeiterinnen geben, mit denen er zufrieden ist, sondern denjenigen, die ihn danach fragen.

Frauen verlangen nicht, was ihnen zusteht, sondern warten ab, was sie bekommen. Es ist ihnen unangenehm, Forderungen zu ihren persönlichen Gunsten zu stellen. Frauen verhalten sich im Job ähnlich wie im Privatleben. Sie warten auf den Märchenprinzen, auf den Mann, der es gut mit ihnen meint. Soll dies im Privatleben bei vielen Frauen immer noch der Versorger, der starke und Geborgenheit bietende Partner sein, ist es im Job der Entdecker. Frauen wollen, dass man(n) auf sie zukommt und sie fördert. Deshalb arbeiten viele Frauen äußerst fleißig und sorgfältig in der Hoffnung, dass schon jemand merken wird, wie gut sie sind, und ihnen dann selbstverständlich auf der Karriereleiter nach oben helfen wird. Doch das passiert selten und die Frauen reagieren dann enttäuscht wie Imke, dass man ihre Leistungen nicht wahrnimmt.

Statt in der Ecke zu sitzen, Trübsal zu blasen und das eigene Licht unter den Scheffel zu stellen, sollten Frauen selber aktiv werden. Warten Sie nicht ab, sondern fordern Sie, was Ihnen zusteht. Forderungen stellen will jedoch gelernt sein. Folgende Punkte sollten Sie dabei berücksichtigen:

- Sie müssen von der Richtigkeit Ihrer Forderung überzeugt sein
- Bereiten Sie eine stichhaltige Argumentationsliste vor

- Beschreiben und betonen Sie Ihre Leistungsergebnisse
- Überlegen Sie sich die Argumente der Gegenseite
- Verdeutlichen Sie Ihrem Gegenüber, welche Vorteile er oder sie von der Erfüllung Ihrer Forderungen hat

Von der Richtigkeit Ihrer Forderungen überzeugt sein

Nicht selten „verkaufen" sich Frauen unter Wert. Werden Sie zum Beispiel nach ihrem Wunschgehalt in einem Vorstellungsgespräch gefragt, geben sie oft zu wenig an.

Wie sagte in einem Karriereseminar Astrid, eine 32-jährige Angestellte, zu mir, die im Übungs-Vorstellungsgespräch viel zu wenig Gehalt gefordert hatte: *„Das ist doch peinlich, wenn ich zu viel verlange. Die müssen ja denken, ich bin geldgierig."* Viele Frauen tun sich wie Astrid schwer damit, mehr Gehalt zu fordern. Es ist ihnen peinlich, danach zu fragen. *„Was denkt denn der Chef?"* Das kann ich Ihnen sagen: Der reibt sich wahrscheinlich die Hände, weil er weiß, welch gute Arbeit Sie für verhältnismäßig wenig Geld abliefern. Was will man als Boss mehr? Machen Sie sich klar, dass Ihr Chef nicht von allein auf Sie zukommt und Ihnen mehr Gehalt oder bessere Aufgaben anbietet. Das müssen Sie schon selbst in die Hand nehmen.

Dazu ist es wichtig, dass Sie sich im Klaren darüber sind, was Ihre Arbeitskraft wert ist. Hier gibt's bei Frauen häufig Probleme: Sie stapeln zu tief. Geht ihnen die Arbeit leicht von der Hand, haben sie Skrupel, dafür auch noch mehr zu verlangen. *„So schwierig ist die Arbeit ja auch wieder nicht"*, meinen sie. Haben sie Schwierigkeiten, die Aufgaben zu bewältigen, sind sie unsicher: *„Das kriege ich gerade mal so hin, da kann ich doch nicht noch mehr Geld fordern. Andere sind viel besser als ich ..."*

Stichhaltige Argumentationsliste vorbereiten

Sammeln Sie Argumente in eigener Sache: Was spricht dafür, dass man Ihrer Forderung nachgibt. Am besten machen Sie das schriftlich. So prägen Sie sich die Argumente besser ein und haben sie im Ernstfall, sprich dem Verhandlungsgespräch, parat.

Die eigenen Leistungsergebnisse betonen

Was ist Ihnen in letzter Zeit besonders gut gelungen? Wo haben Sie andere überzeugt? Auf welche Leistungen sind Sie besonders stolz? Machen Sie klar, welch wertvolle Mitarbeiterin Sie sind.

Argumente der Gegenseite überlegen

Spielen Sie in Gedanken oder vielleicht mit einer Freundin vorab das Gespräch schon einmal durch. Überlegen Sie, wie Ihr Verhandlungspartner argumentieren wird und was Sie dazu sagen können. Je stärker Sie sich in Ihr Gegenüber hineinversetzen und mögliche Einwände bedenken, desto sicherer gehen Sie in das Gespräch und desto selbstbewusster ist Ihre Ausstrahlung. Auch das ist wichtig, um zu signalisieren: Ich weiß, was ich wert bin, und ich lasse mich diesmal nicht vertrösten, sondern bin von der Richtigkeit meiner Forderung überzeugt.

Die Vorteile der Erfüllung Ihrer Forderungen herausstellen

Die Durchsetzung Ihrer Forderung ist dann umso Erfolg versprechender, je besser Sie verdeutlichen können, was Ihr Gegenüber davon hat, nachzugeben. Wenn Sie zum Beispiel einen größeren Verantwortungsbereich übernehmen, kann das für ihn oder sie eine Entlastung bedeuten.

Und bedenken Sie: Ein solches Verhandlungsgespräch ist in jedem Fall ein Gewinn für Sie. Entweder Sie kommen mit Ihren Forderungen durch. Dann haben Sie künftig monatlich mehr auf dem Konto oder können endlich mit besseren Aufgaben zeigen, was noch alles in Ihnen steckt. Oder Ihre Forderung wird abgelehnt. Dann sehen Sie zumindest klarer. Sie wissen genauer, was man von Ihnen erwartet, und können besser beurteilen, ob man Ihre Arbeit schätzt bzw. welche Karrieremöglichkeiten in dem Unternehmen tatsächlich für Sie existieren. Sind Sie nur auf Widerstand gestoßen, sollten Sie sich ernsthaft überlegen, ob ein Unternehmenswechsel für Sie und Ihre Karriere nicht sinnvoller wäre.

Forderungen zu stellen ist auch eine Übungssache. Trainieren Sie, Ihre Bedürfnisse zu artikulieren. Fangen Sie vielleicht im privaten Bereich an. Üben Sie im Umgang mit Ihrem Partner, den Kindern, einer Freundin. Wenn Sie mit Ihrer Familie in Urlaub fahren, setzen Sie einmal Ihre Ansprüche durch, anstatt immer nur auf Mann und Kinder Rücksicht zu nehmen. Wenn Sie mit einer Freundin ins Kino gehen und immer sie diejenige ist, die darüber entscheidet, welcher Film gesehen wird, fordern Sie, dass nun auch mal Sie aussuchen dürfen.

Die wichtigsten Punkte zum Thema Forderungen stellen finden Sie in folgender Checkliste:

CHECKLISTE

- **Warten Sie nicht länger darauf, „entdeckt" zu werden.**
- **Fordern Sie, was Ihnen zusteht.**
- **Sie müssen von der Richtigkeit Ihrer Forderung überzeugt sein.**
- **Schreiben Sie die Argumente auf, die für die Durchsetzung Ihrer Forderung sprechen.**
- **Überlegen Sie sich, welche Ihrer Leistungen zu betonen sind und Ihre Argumente stärken.**
- **Denken Sie über die Argumente der Gegenseite nach, und finden Sie Antworten darauf.**
- **Verdeutlichen Sie Ihrem Verhandlungspartner die Vorteile, die er von der Erfüllung Ihrer Forderungen hat.**

Karriereschritt 3: Von sich reden machen

Sonja, 42, war Teilnehmerin in einem meiner Seminare zum Thema Karrierestrategien für Frauen. Wir sprachen darüber, wie die Männer ihre Karriere vorantreiben und was wir uns vielleicht von ihnen abschauen können. Es ging um Werbung in eigener Sache. „Mir ist aufgefallen, dass die Männer in unserer Abteilung immer einen Wahnsinnstanz aufführen, wenn sie ein Projekt abgeschlossen haben oder einen Kunden überzeugen konnten. Ich fand das immer affig, wie Männer sich benehmen. Die reden weiß Gott wie lange darüber, was ihnen gelungen ist. Wir machen doch nur unsere Arbeit. Und das, was die da so bejubeln, gehört zu unseren Aufgaben. Bis ich irgendwann kapiert habe, dass solche Ergebnisse, die man an die große

Glocke hängt, länger in Erinnerung bleiben – gerade bei Vorgesetzten. Ich habe es dann auch mal ausprobiert, bin direkt zum Chef gegangen, habe gesagt, was ich geschafft habe. Ich kam mir ganz schön komisch vor. Aber der Boss hat mir gratuliert und sich mit mir gefreut. Da war mir klar: Das muss mir nicht peinlich sein, und ich kann zu Recht stolz auf das sein, was ich da geschafft habe. Jetzt mache ich das immer öfter, weil ich merke, der nimmt mich ganz anders wahr. Und außerdem muss ich zugeben – langsam finde ich sogar Gefallen daran."

Das Karrieregesetz, das Sonja für sich entdeckte, lautet: Tue Gutes und rede darüber. Steht eine Beförderung an, wird oftmals den männlichen Kollegen selbstverständlich die Fähigkeit zur Karriere unterstellt. Die Frau hingegen muss sich ordentlich ins Zeug legen, um auf sich aufmerksam zu machen und den Beweis antreten zu können, dass sie über bestimmte Stärken verfügt.

Doch gerade das tun viele Frauen nicht. Ihnen ist es peinlich, sich selber zu loben. Gleichzeitig steckt hinter dieser Bescheidenheit auch ein Schutzmechanismus. Damit hoffen sie, vor Angriffen, Konflikten und Kritik besser geschützt zu sein.

Männer hingegen investieren viel Zeit und Energie darin, nicht übersehen zu werden. Frauen arbeiten lieber härter in der Hoffnung, dass man auf sie zukommt und ihnen ein Angebot unterbreitet. Doch wie schon geschildert, kommen viele Vorgesetzte von allein nicht darauf – auch weil sie denken, dass Frauen gar nicht Karriere machen wollen. Denn viele Frauen bieten durch ihre Tendenz, lieber im Hintergrund zu bleiben, auch gar kein Anzeichen dafür, dass sie am liebsten in vorderster Reihe stehen möchten. Doch so wird das nichts mit der Karriere. Sie müssen lernen, wie Sie für sich selbst werben können.

Es reicht leider nicht, gut zu sein, Sie müssen auch dafür sorgen, dass andere es merken!

Werbung in eigener Sache

Frauen haben oft Schwierigkeiten, ihre Leistungen und Fähigkeiten positiv darzustellen, obwohl sie generell bessere Ausbildungszeugnisse und bessere Studienabschlüsse als Männer erzielen und obendrein ihr Studium im Schnitt etwa zwei Semester früher abschließen.

Für sich werben, das hat nichts mit Selbstbeweihräucherung und Angeberei zu tun. Für sich werben heißt, geschickt seine besonderen Fähigkeiten, seine Leistungen und seine Einzigartigkeit herauszustellen. Auch wenn es Ihnen schwer fällt: Machen Sie Ihren Chef immer wieder auf Ihre Fähigkeiten und Leistungen aufmerksam, damit er weiß, welch qualifizierte Mitarbeiterin er in Ihnen hat.

Viele Frauen sagen, dass es ihnen schwer fällt, auf sich aufmerksam zu machen. Doch es ist ein Fehler, wenn Sie Ihre Errungenschaften, Arbeitsleistungen und Erfolge für etwas Alltägliches halten. Oft höre ich Frauen sagen: *„Warum sollte ich meinem Chef erzählen, dass ich dieses und jenes getan habe? Das gehört doch einfach zu meinem Job.“* Aber gute Arbeit ist eine Leistung und wenn Sie besser sind als andere in Ihrer Position, dann ist das wichtig – so wichtig, dass man es gar nicht deutlich genug hervorheben kann. Nur weil Ihnen etwas leicht fällt, ist Ihre Arbeit nicht wenig wert. Manche Frauen sind so bescheiden, dass sie ihre Lorbeeren verschenken, ohne es überhaupt zu bemerken. Aber bedenken Sie: Wenn Sie vor lauter Bescheidenheit Ihre Leistungen herunterspielen, lassen Sie sich Chancen entgehen, Ihr Image aufzupolieren.

State of Excellence

Eigenreklame setzt voraus, dass Sie genau wissen, wofür Sie werben. Ein Produkt, das nicht annähernd hält, was es verspricht, verschwindet schnell wieder vom Markt. Fragen Sie sich: Auf welchem Gebiet bin ich besser als andere, weiß ich mehr? Was kann ich vorweisen, was andere nicht zu bieten haben? Bin ich vielleicht vielseitiger, schlagfertiger oder kreativer als andere? Worin bin ich Spezialistin? Kann ich andere besonders gut von einer Sache überzeugen, oder kann ich vielleicht besonders gut organisieren? Notieren Sie Ihre Stärken auf einer Liste, und prägen Sie sich die Punkte gut ein. Damit Sie es schwarz auf weiß haben, wo Ihr „State of Excellence“[31] liegt.

Vielleicht haben Sie diesen Begriff schon einmal gehört? Das Konzept, das dahinter steht, besagt, dass die Talente und Fähigkeiten eines jeden von uns im Schnitt etwa denen der anderen entsprechen. Das heißt, wir können manches ein bisschen besser – zum Beispiel organisieren oder Auto fahren –, anderes können wir wiederum etwas schlechter – zum Beispiel Telefonnummern behalten oder Tennis spielen. Nimmt man den Durchschnitt der eigenen Fähigkeiten, gleicht er etwa dem Durchschnitt der der anderen. Das Konzept besagt aber auch, dass wir alle eine Fähigkeit haben, die höher entwickelt ist als bei den anderen und die uns besonders auszeichnet – zumindest in einem Schlüsselbereich unseres Lebens. Ihre Aufgabe besteht nun darin, herauszufinden, welche das ist. Der State of Excellence ist normalerweise etwas, das uns brennend interessiert, etwas, das uns anzieht und das wir auch anstreben würden, wenn wir nicht dafür bezahlt würden. Die Tätigkeit gibt uns das Gefühl der Besonderheit und Wichtigkeit und wertet uns als Mensch auf. Sie ist also ganz entscheidend für ein gesundes Selbstwertgefühl.

Haben Sie Ihren State of Excellence bereits gefunden? Beantworten Sie bitte einmal folgende Fragen:
- Sind Sie begeistert von dem, was Sie regelmäßig tun?
- Erzählen Sie anderen gern davon?
- Finden Sie es erstaunlich, dass Sie das, was Sie regelmäßig machen, so erfolgreich meistern?

Sie haben alle drei Fragen mit „Nein" beantwortet? Dann sollten Sie noch einmal in sich gehen und überlegen, wo Ihre Stärken und Besonderheiten liegen. Was haben Sie bisher erreicht? Was geht Ihnen leicht von der Hand? Was machen Sie in Ihrer Freizeit am liebsten? Worum beneiden Sie andere? Wofür bekommen Sie Lob und Anerkennung?

Haben Sie Ihren State of Excellence gefunden, können Sie viel überzeugender Werbung für sich machen. Denn wer von sich überzeugt ist, wird natürlich auch andere leichter überzeugen. Mit anderen Worten: Sie glauben an sich und das kommt rüber.

Wie kurbeln Sie nun die Werbetrommel am besten an? Folgende sieben Punkte sind entscheidend:
1. Reden Sie über sich und Ihre Erfolge
2. Werden Sie in Organisationen aktiv

3. Halten Sie Reden und Vorträge
4. Schreiben Sie Artikel und Aktennotizen
5. Halten Sie Kontakt zu Vorgesetzten
6. Melden Sie sich in Konferenzen zu Wort
7. Achten Sie auf Ihre Körpersprache

1. Reden Sie über sich und Ihre Erfolge

Sprechen Sie über das, was Sie besonders gut können. Verschleiern Sie Ihre Eigenreklame geschickt, indem Sie sie in das einflechten, was Sie eigentlich erzählen wollen, zum Beispiel in eine Geschichte über die Hindernisse, die Sie überwunden haben. Wenn Sie zeigen möchten, dass Sie kämpferisch sind, sagen Sie so etwas wie: *„Ich habe mit dem Kunden richtiggehend gerungen, um ihn von unserer Lösung zu überzeugen, und jetzt ist er ganz glücklich damit."*

2. Werden Sie in Organisationen aktiv

Hier finden Sie Unterstützerinnen. Außerdem werden Sie durch Ämter an bestimmte Aufgaben herangeführt, die Sie ins Licht der Öffentlichkeit rücken. Ihr Motto sollte lauten: Raus aus der zweiten Reihe, rein ins Scheinwerferlicht. Zeigen Sie, was in Ihnen steckt! (Siehe auch „Unterstützung suchen", Seite 165–171)

3. Halten Sie Reden und Vorträge

Nach Aristoteles sind für den Redner – und sicher auch die Rednerin – drei Aspekte entscheidend: das Thema, die Absicht und das Publikum. Letzteres wird von den meisten Vortragenden vergessen. Machen Sie es besser. Sie müssen also nicht nur sagen, worum es geht und welches Ziel Sie verfolgen bzw. welchen Nutzen Sie vermitteln möchten, sondern denken Sie auch an Ihre Zielgruppe.

Wenn Sie eine Rede formulieren, versuchen Sie, sich in die Zuhörerschaft hineinzuversetzen. Mit welchen Erwartungen wird man Ihrem Vortrag zuhören? Wie ist das intellektuelle Niveau Ihres Auditoriums?

Inwieweit handelt es sich um Insider, die mit einem bestimmten Fachvokabular etwas anfangen können?

Viele Rednerinnen und Redner halten Monologe, wenn sie am Pult stehen und über ein Thema referieren. Das wirkt oft einschläfernd. Sie werden beim Publikum nur dann einen bleibenden Eindruck hinterlassen, wenn Sie es einbeziehen. Stellen Sie zwischendurch Fragen, oder – wenn Sie mit der Zeit im Reden halten geübter sind – provozieren Sie das Publikum doch einmal durch Widersprüchliches. Sinn dieser Übung ist, dass es zum Nachdenken und Mitmachen angeregt wird. Ein Vortrag, in den das Publikum aktiv einbezogen wird, bleibt hängen, an den erinnert man sich. Und das wollen Sie doch: im Gedächtnis bleiben. Denken Sie, wenn Sie eine Rede vorbereiten, immer an das chinesische Sprichwort: „Ich höre – ich vergesse, ich sehe – ich behalte, ich tue – ich verstehe."

Vorbereitung

Zunächst ist es wichtig, sich gründlich vorzubereiten. Von Winston Churchill weiß man, dass er sich ausgiebig auf seine Reden vorbereitete. Trotz des ihm offensichtlich angeborenen Talents zu spontanem Witz verließ er sich nicht allein darauf. Es heißt, dass er bei seiner intensiven Vorbereitung für seine Auftritte bewusst provozierende Formulierungen in seine Vorträge einbaute, um bestimmte Bemerkungen des Publikums herbeizuführen. Er überlegte sich ganz genau, welche Zwischenrufe zu erwarten seien, und legte sich vorab eine passende Antwort zurecht.

Warum machen Sie es nicht genauso? Bereiten auch Sie sich vor, indem Sie sich Antworten auf mögliche Zwischenbemerkungen einfallen lassen.

Was meinen Sie, wie viel Anerkennung Sie ernten, wenn Sie – vermeintlich – schlagfertig auf einen Einwurf aus dem Publikum reagieren, denn die Zuhörerinnen und Zuhörer wissen ja nicht, dass Sie sich lange darauf vorbereitet haben.

Wenn Sie einen Text verfasst haben, bringen Sie ihn in eine umgangssprachliche Form. Es empfiehlt sich, statt eines Manuskripts Karteikarten zu benutzen. Halten Sie die wichtigsten Aussagen bzw. Stichworte darauf fest, um später den Faden nicht zu verlieren. Diese Karten haben gegenüber einem Manuskript einen ganz praktischen Vorteil: Wenn Sie kein Pult haben, auf dem Sie Ihre Unterlagen ablegen können, sieht man bei festen Karten das Zittern Ihrer Hand weniger als bei losen Papieren. Zudem sprechen Sie automatisch freier, weil es keinen Text gibt, an dem Sie kleben bleiben könnten. Sie können häufiger Blickkontakt mit dem Publikum aufnehmen und auch flexibler auf mögliche Erwartungen reagieren. Am besten eignen sich Karten im Format DIN A6 bis A5. Schreiben Sie nicht zu viel auf eine Karte, am besten nur einen Hauptgedanken, um die Übersichtlichkeit nicht zu gefährden. Schreiben Sie groß und deutlich, heben Sie Wichtiges farblich oder durch Unterstreichungen hervor. Nummerieren Sie die Karten durch.

Haben Sie keine Angst vor Zwischenfragen oder Wortmeldungen. Auch darauf können Sie sich vorbereiten. Stellen Sie einen Fragenkatalog zu Ihrem Vortrag zusammen. Überlegen Sie, welche Fragen Zuhörerinnen und Zuhörer stellen könnten, und dann, was Sie darauf antworten werden. In der Regel ist nach einem Vortrag noch Zeit für die Diskussion eingeräumt. Halten Sie auch dafür Fragen breit, für den Fall, dass zunächst eine Schweigepause entsteht. Sie sagen zum Beispiel nach Ihrem Vortrag: *„Gibt es noch Fragen?"*, und es kommt zunächst keine Reaktion. Dann bleibt Ihnen die Möglichkeit, selber den Anfang zu machen: *„Bei meinem letzten Vortrag in Hamburg wurde ich immer wieder gefragt, ob ..."*

Erkundigen Sie sich rechtzeitig, welche Visualisierungsmöglichkeiten Ihnen zur Verfügung stehen. Danach können Sie entscheiden, welche optischen Unterstützungshilfen Sie für Ihren Vortrag auswählen wie Schaubilder, Grafiken, Symbole, Folien für den Overheadprojektor oder Karten für Stellwände, ein Flipchart oder auch einen LCD-Projektor.

Aber übertreiben Sie es nicht. Immer wieder erlebt man bei Vorträgen, dass die Zuhörerschaft mit Folien regelrecht „erschlagen" wird. Kaum ist ein Gedanke zu Ende geführt, liegt schon wieder die nächste Folie auf dem Projektor. Die visuellen Hilfsmittel sind dazu da, Aussagen zu unterstreichen. Achten Sie darauf, dass ein ausgewogenes Verhältnis zwischen Visualisierung und gesprochenem Wort herrscht, damit die Wahrnehmungskapazität Ihrer Zuhörerinnen und Zuhörer nicht überstrapaziert wird.

Ein häufiger Fehler besteht auch darin, dass man zwar Visualisierungen – zum Beispiel Folien – benutzt, diese aber dann zu klein beschriftet. Eine Regel: Die Wörter müssen auf 10 Meter Entfernung noch gut lesbar sein. Die Schriftgröße sollte daher bei mindestens 16 Punkt liegen – am besten fett gedruckt. Am Flipchart sollte die Buchstabengröße 10 Zentimeter betragen.

Pressen Sie nicht zu viele Informationen auf eine Seite, benutzen Sie Groß- und Kleinschreibung. Nur Großbuchstaben sind schlecht lesbar. Und nicht vergessen: Jede Folie braucht eine Überschrift. Die grafischen Hilfen sollten möglichst einfach dargestellt und übersichtlich sein, sodass ein zuvor gehörtes Argument durch die optische Darstellung leichter nachvollziehbar wird. Aus diesem Grund sollten auch nicht zu viele Informationen enthalten sein.

Überlegen Sie zudem, ob es möglich ist, Fotokopien von den wichtigsten Folien bzw. Aussagen anzufertigen und sie ans Publikum zu verteilen. Sinnvoll ist es, die Papiere erst am Ende auszugeben, da die Teilnehmerinnen und Teilnehmer sonst womöglich nicht mehr zuhören, sondern ganz mit dem Lesen der Unterlagen beschäftigt sind.

Einstieg

Eine Rede besteht aus drei Teilen: Einstieg, Hauptteil und Schluss. Versuchen Sie, das Publikum neugierig zu machen, und zwar von Anfang an. Der Einstieg Ihrer Rede ist das A und O. Ziehen Sie das Publikum auf Ihre Seite, indem Sie nach der Begrüßung und Vorstellung – eventuell auch noch früher – mit einem lustigen oder überraschenden Beginn aufwarten. Ein Zitat, das zu Ihrem Thema passt, eine Anekdote, eine Beobachtung, die Sie gemacht haben, eine Frage ans Publikum, das Aufgreifen eines aktuellen Ereignisses – all das eignet sich für den Start und ist mit Sicherheit überzeugender als das Übliche: *„Ich freue mich, heute hier sein zu dürfen ..."* oder gar die schwülstige Variante: *„Es ist mir eine große Ehre, hier vor Ihnen sprechen zu dürfen."*

Anschließend erläutern Sie den Grund Ihrer Präsentation. Sie erleichtern dem Publikum das Zuhören und Nachvollziehen Ihrer Gedankengänge, wenn Sie die Gliederung, also den Gedankenaufbau, am Anfang als Orientierungshilfe darstellen. Denken Sie auch daran, die Vortragsregeln anzusprechen: Wie sieht es mit Pausen aus? Wie lange wird der Vortrag dauern? Können Fragen zwischendurch gestellt werden oder erst am Ende? Gibt es zusätzliche Zeit für die Diskussion?

Hauptteil

Im Hauptteil geht es darum, das Versprechen einzulösen, das Sie in der Einleitung gegeben haben. Sie erläutern Ihren Standpunkt, führen Argumente an und legen Sachverhalte dar.

Damit die Zuhörerinnen und Zuhörer Ihnen folgen können, müssen die Argumente logisch aufgebaut sein, sodass die Schlussfolgerung für das Publikum auch nachvollziehbar ist. Es heißt immer so schön, dass man die Zuhörerschaft da abholen muss, wo sie steht. Das bedeutet nichts anderes, als dass Ihr Vortrag mit dem beginnen sollte, was das Publikum bereits weiß. Von dieser gemeinsamen Basis ausgehend, entwickeln Sie dann Ihre Argumentation. Im Weiteren sollten Sie beachten:

- Grundsätzlich gilt: Halten Sie Ihren Vortrag so frei wie möglich. Nichts ist langweiliger und ermüdender als ein abgelesener Text. Wer frei spricht, wirkt unterhaltsamer und kann vor allem Blickkontakt zu seinem Publikum halten. Die Schriftsprache ist darüber hinaus bei weitem nicht so lebendig wie die frei gesprochene Sprache. Haben Sie einen ausformulierten Text vor sich liegen, laufen Sie Gefahr, dass Sie zu sehr daran „kleben" und ins Vorlesen verfallen. Das bedeutet nicht, dass Sie ganz spontan und frei etwas formulieren müssen. Selbstverständlich sollten Sie einen Text vorbereiten. Aber lesen Sie ihn nicht ab, und lernen Sie ihn auch nicht auswendig, sondern schreiben Sie am besten Stichwörter als Gedächtnisstütze auf, und verwenden Sie die oben bereits erwähnten Karteikarten als Hilfsmittel.
- Vereinfachen Sie das Zuhören, indem Sie möglichst auf Fremdwörter, Abkürzungen und Schachtelsätze verzichten. Benutzen Sie beim Reden Beispiele und Anekdoten, um das Gesagte verständlicher und unterhaltsamer zu präsentieren.
- Scheuen Sie sich nicht, Gedanken zu wiederholen. Redundanz erhöht die Merkfähigkeit.
- Achten Sie auf Ihre Körpersprache (siehe Seite 146–152). Stehen Sie ruhig, entspannt und möglichst aufrecht, damit Ihr Atem ungehin-

dert strömen kann. Fuchteln Sie nicht mit den Händen. Sie wirken dann selbstsicherer und glaubwürdiger. Halten Sie stets Blickkontakt zu Ihren Zuhörern und Zuhörerinnen.

- Ihre Stimme sollte am besten dunkel, rund und kräftig klingen (siehe Seite 137–141). Das ist für viele Frauen ein Problem. Wessen Stimme schon von Natur aus sehr hoch bzw. schwach ist, sollte sich überlegen, ob es nicht sinnvoll wäre, eine Sprecherziehung zu machen.
- Fassen Sie die Schwerpunkte zwischendurch und am Ende Ihres Vortrags zusammen, und entwickeln Sie Schlussfolgerungen, damit Sie auch Ergebnisse präsentieren können.

Schluss

Fast ebenso wichtig wie ein gelungener Einstieg ist der überzeugende Abgang, denn der wirkt am längsten nach. Überlegen Sie sich vorher genau, wie Sie am Ende Ihres Vortrags noch ein Highlight setzen können. Verzichten Sie auf „Notausgänge" wie *„Tja, das war's. Ich danke Ihnen"* oder *„Vielen Dank für Ihre Aufmerksamkeit"*. Etwas origineller darf's schon sein. Auch an dieser Stelle eignen sich Zitate besonders gut. Etwas zum Schmunzeln oder Nachdenken, das beim Publikum in Erinnerung bleibt, trägt dazu bei, dass Ihre Worte und Ihr Name nicht so schnell in Vergessenheit geraten.

Keine Angst vor Lampenfieber

Zittern, Herzklopfen, starkes Schwitzen, ein trockener Mund – kennen Sie diese Symptome, wenn Sie einen Auftritt vor einer größeren Gruppe vor sich haben? Manche Leute haben bei dem bloßen Gedanken daran bereits ein flaues Gefühl im Magen. Trösten Sie sich. Die meisten Menschen leiden in solchen Situationen unter Lampenfieber.

Was läuft dabei eigentlich in unserem Körper ab? Im Grunde ist das Ganze ein uraltes Erbe aus der Zeit, als wir täglich ums Überleben kämpfen mussten. Lampenfieber ist eine Stressreaktion. Der Körper wird in Alarmbereitschaft versetzt, weil er weiß, dass Gefahr droht. Es wird Energie bereitgestellt, die unser Überleben sichern soll. Deshalb schlägt das Herz schneller, steigt der Blutdruck, werden die Muskeln besser durchblutet und Fettreserven und Zucker angezapft. Andere

Funktionen des Körpers, die momentan nicht wichtig sind, werden hingegen auf Sparflamme geschaltet, die Haut wird schlechter durchblutet, der Verdauungsprozess verlangsamt und auch das Gehirn wird teilweise blockiert. Denn Nachdenken könnte in einer lebensbedrohlichen Situation dazu führen, dass man zu viel Zeit verliert. Was früher einmal nützlich war – vielleicht bei der Flucht vor wilden Tieren –, wird von uns heute als sehr störend empfunden. Plötzlich nicht mehr denken zu können, das ist beim Halten von Reden nicht gerade vorteilhaft – um es vorsichtig zu formulieren.

Heute lösen nicht mehr die großen wilden Tiere Ängste in uns aus, sondern vielmehr die Furcht vor dem Versagen. Friedemann Schulz von Thun nennt es die Selbstoffenbarungsangst, die hier zum Tragen kommt. Auch ein Vortrag ist so etwas wie eine Prüfung, in der man sich fragt: „Werde ich vor dem Urteil der anderen bestehen oder werde ich versagen?"

Diese Angst zu versagen ist stark abhängig von dem Selbstwertgefühl. „Je stärker das Minderwertigkeitsgefühl des Erwachsenen ausgeprägt ist, umso mehr:

- fantasiert er seine Mitmenschen in die Rolle von strengen Richtern hinein, vor deren Augen er zu bestehen und vor denen er den ‚unansehnlichsten' Teil seiner Person zu verbergen habe, um halbwegs anerkannt zu werden,
- fasst er auch harmlose Situationen (zum Beispiel Glücksspiele, Gastgeber sein, sexuelles Beisammensein) *leistungsthematisch* auf, das heißt, er erlebt das Ganze als eine Art Bewährungsprobe seiner Person,
- sieht er in dem anderen einen *Rivalen* und fürchtet die Niederlage im Wettlauf um Geltung und Prestige."[32]

Apropos Richter und Rivalen: Dass wir die zum Beispiel im Publikum bei einem Vortrag vor uns zu sehen glauben, ist nicht ganz abwegig. Wenn ich eine Rede in meinem Unternehmen halte, dann sitzen da sicher auch Vorgesetzte und Kollegen, die mich prüfen. Dass diese Situation Unwohlsein verursacht, ist daher nicht abwegig. Unterschiede gibt es allerdings in dem Ausmaß der Unsicherheit. Wie sehr ängstigt mich diese Situation? Bin ich ein wenig nervös oder werde ich völlig schachmatt gesetzt?

Vielleicht tröstet es Sie, dass selbst geübte Rednerinnen und Redner Lampenfieber mit den typischen Symptomen kennen. Nur haben sie gelernt, damit umzugehen. Das sollte auch Ihr Ziel sein. Denn Lampenfieber völlig zum Verschwinden zu bringen ist – wahrscheinlich – unmöglich. Und letztlich auch gar nicht erstrebenswert. Schließlich bringt Lampenfieber nicht nur negative Aspekte mit sich. Ein gewisses Maß an Aufgeregtheit führt dazu, dass wir wacher, lebendiger wirken und unsere Körperfunktionen auf Hochtouren laufen. Eigentlich gute Voraussetzungen, um einen überzeugenden Vortrag abzuliefern. Natürlich nur, wenn die Aufregung im Rahmen bleibt und uns nicht völlig außer Gefecht setzt.

Doch dem können Sie vorbeugen, indem Sie:
- Routine gewinnen. Nutzen Sie jede Gelegenheit, um sich im Redenhalten zu üben. Fangen Sie im kleinen privaten Kreis an, zum Beispiel auf einer Familienfeier.
- sich ausreichend auf einen bevorstehenden Vortrag vorbereiten und ihn mehrmals für sich üben.
- sich autosuggestiv immer wieder an Ihre Stärken erinnern, zum Beispiel mit Sätzen wie folgenden: *„Ich bin sehr gut vorbereitet", „Ich habe schon ganz andere Dinge geschaukelt", „Ich weiß, ich werde einen guten Vortrag halten. "*
- die ersten drei Sätze auswendig lernen. Das gibt Ihnen für den Anfang Sicherheit und ermöglicht einen guten Start.
- sich vorher intensiv mit der Zielgruppe und möglichen Fragen und Einwänden auseinander setzen.
- Ihre Argumente logisch aufeinander aufbauen.
- die visuellen Hilfsmittel vorher testen und im Vortrag optimal nutzen.
- sich mit Entspannungsmethoden vertraut machen (zum Beispiel Progressive Muskelrelaxation nach Jacobsen oder autogenes Training).
- vor dem Vortrag nur leichte Kost zu sich nehmen. Die Durchblutung Ihres Gehirns ist jetzt wichtiger als die Versorgung der Verdauungsorgane mit Blut.
- bedenken, dass kleine Versprecher, leichtes Zittern und Nervosität von der Zuhörerschaft meist gar nicht registriert werden.

Was aber tun, wenn Sie trotz allem einmal hängen bleiben? Bedenken Sie: Nicht jede Pause wird vom Publikum gleich als Aussetzer gewertet. Gute Rednerinnen und Redner setzen beispielsweise gezielt Kunstpausen ein, um dem Gesagten größeren Nachdruck zu verleihen. Pausen werden erst ab sieben Sekunden als übermäßig lang empfunden. Zählen Sie einmal im Geiste langsam bis sieben – Sie werden sehen, diese Zeitspanne ist lang und kann Ihnen ermöglichen, den Faden wiederzufinden.

Sollten Sie noch immer nicht wissen, wie Sie fortfahren sollen, bleiben Ihnen noch folgende Möglichkeiten:

- Gehen Sie die Situation ganz offensiv an, und stehen Sie dazu: *„Tja – jetzt habe ich den Faden verloren."* Damit können Sie die peinliche Pause gut überbrücken und werden wegen Ihrer Offenheit sehr wahrscheinlich Sympathie ernten. Freundliche Blicke oder ein Schmunzeln der Zuhörerschaft können sehr ermutigend und entspannend wirken, sodass Ihnen wieder einfällt, wo Sie hängen geblieben sind.
- Eine andere Möglichkeit besteht darin, das zuletzt Gesagte in anderen Worten zu wiederholen, damit Zeit zu gewinnen und die eigenen Gedanken wieder zu ordnen. Oder fassen Sie die letzten Punkte noch einmal zusammen: *„Zusammengefasst lässt sich festhalten, dass ..."*
- Wenden Sie sich ans Publikum: *„Gibt es bis hierher Fragen?"*
- Überspringen Sie einen ganzen Abschnitt, und kommen Sie, wenn sinnvoll, später darauf zu sprechen.

Stimmt Ihre Stimme?

Die sprachliche Unsicherheit, die sich bei Frauen in der Wortwahl zeigt, findet sich häufig auch in der Sprechweise wieder. Frauen haben in der Regel gelernt, leise und zurückhaltend zu sprechen.

Als ich noch Studentin war, habe ich mich oft gefragt, weshalb einige Kommilitoninnen zum Beispiel bei Referaten mit Mäuschenstimme sprachen, was kein Mensch verstehen konnte. „Lauter", wurde dann immer von den Zuhörenden gerufen – meist ohne langfristigen Erfolg. Ich kann mich nicht erinnern, dass einmal ein Mann dazu aufgefordert werden musste, lauter zu sprechen.

Wahrscheinlich steckt mal wieder die Angst vor dem Verlust der Weiblichkeit hinter den Leisesprecherinnen (-treterinnen?). Frauen mit

lauter Stimme gelten schnell als unfeminin. Vielleicht haben Leisesprecherinnen auch Angst, plötzlich im Mittelpunkt zu stehen, denn Aufmerksamkeit ist Ihnen sicher, wenn Sie laut und deutlich Ihre Meinung
vertreten. Davor haben manche Frauen Angst und nehmen lieber in
Kauf, nicht verstanden zu werden. Dabei vergessen sie, dass Leisespre-
chen unsicher und inkompetent wirkt. „Sie ist sich ihrer Sache nicht sicher", wird das Publikum schlussfolgern, „warum sonst versteckt sie sich
hinter leisen Tönen?"

Auch eine undeutliche Artikulation führt dazu, dass man Sie schlecht
versteht. Wer Silben verschluckt, nuschelt oder zu schnell spricht, dem
attestieren Zuhörerinnen und Zuhörer schnell Unsicherheit und gerin-
gere Glaubwürdigkeit. Denn die Sprecherin bringt damit indirekt zum
Ausdruck, dass sie offenbar selbst nicht sicher ist, ob das Gesagte stimmt.

Typisch für viele Frauen sind nicht nur die leisen Töne, sondern auch,
dass sie ihre Stimme am Ende einer Aussage leicht anheben. Das ist jedoch die Sprachmelodie der Frage und wirkt unsicher, gerade so, als ob
sie um Erlaubnis bitten.

Eine tiefe, volle Stimme klingt vertrauenswürdig und selbstsicher.
Untersuchungen zeigen, dass Menschen mit tieferem Organ als sympa-
thischer und kompetenter eingeschätzt werden – auch wenn wir alle
wissen, dass die Höhe der Stimmlage objektiv nichts über Fähigkeiten
oder Charaktereigenschaften einer Person aussagt. Insofern sind Frauen
von Natur aus benachteiligt, weil sie in der Regel von vornherein höher
sprechen. Kommt dann noch die Nervosität hinzu, schnellt die Stimme
erst recht in die Höhe.

Wenn Sie häufig vor anderen sprechen und trotz Anstrengungen,
Routine und Entspannungsübungen nicht zu tieferen Tönen gelangen,
sollten Sie mal darüber nachdenken, ob Sie nicht in eine Sprecherziehung, wie Schauspieler sie beispielsweise durchlaufen, investieren. Dann
kann auch Aufregung Ihrer Stimme nicht mehr so viel anhaben.

Stimmübungen

Zur Einstimmung mehrere Übungen. Beachten Sie, dass sie für die ge-
sunde Sprechstimme gedacht sind. Bei Erkrankungen wenden Sie sich
selbstverständlich besser an eine Ärztin oder einen Arzt:

● Finden Sie erst einmal heraus, welches Ihre ideale Stimmlage ist, indem Sie einige Male „Äh-Äh" sagen, so, als ob Sie etwas anzweifeln. Das erste „Äh" sprechen Sie automatisch in Ihrer normalen Tonhöhe, das zweite klingt meist etwas voller und gibt den Ton an, den Sie anstreben sollten, weil er mehr von „innen" heraus kommt. Er sollte vom Zwerchfell her gesprochen werden. Benutzen Sie den Bauch als Resonanzraum, um tiefer und angenehmer zu klingen. Ob Sie auch tatsächlich den Bauch mit einbeziehen, finden Sie heraus, indem Sie beim Sprechen die linke Hand an die Nase und die rechte Hand aufs Brustbein legen. Was vibriert stärker? Ist es die Nase, dann sprechen Sie zu nasal und nutzen die volle Ihnen zur Verfügung stehende Kraft nicht aus. Spüren Sie keine Vibrationen? Dann versuchen Sie es einmal mit der „Mo-mo-mo"-Übung. Sagen Sie so lange „Mo-mo-mo", bis Sie die Resonanz mit der Hand auf dem Brustbein spüren.

● Eine gut trainierte Zwerchfellmuskulatur ist entscheidend, um eine raumfüllende, volle Stimme zu haben. Als Übung dazu empfiehlt es sich, zu lachen. Folgende Laute sollten extrem kurz gelacht werden. Fangen Sie an mit „Ha, ha, ha, ha, ha, ha, ha, ha, ha, ha, ha, ha, ha, ha, ha", und fahren Sie mit den Vokalen „E", „I", „O", „U" fort.

● Zur Verbesserung der Stimme trägt auch eine bewusstere Atmung bei, denn Sprechen ist nichts anderes als Ausatmen, bei dem ein Ton mitschwingt. Der Klang der Stimme wird anders, als gemeinhin angenommen, nicht nur im Kehlkopf erzeugt, sondern mithilfe des Zwerchfells aus dem Luftstrom der Lungen im Gaumen in der Mund- und Nasenhöhle mit Zunge und Lippen geformt. Eine verbesserte Atemtechnik hilft Ihnen darüber hinaus, mit dem Lampenfieber klarzukommen. Um zu entspannen, ist die Bauchatmung zu empfehlen, beim Einatmen wölbt sich der Bauch, beim Ausatmen wird er flacher. Diese Entspannung hilft, Hals-, Kiefer und Atemmuskeln zu lockern und damit der Stimmluft freien Durchgang zu ermöglichen.

● Warum gähnen Sie nicht mal wieder nach Herzenslust? Das ist nicht nur wohltuend, Sie helfen dabei auch noch Ihrem Atem- und Stimmapparat. Das Gähnen ist eine sehr typische Übung im Sprechtraining, weil damit der Mund- und Rachenraum groß und leicht formbar gemacht werden.

● Den Mund kräftig aufreißen sollten Sie auch bei der „Jaaa"-Übung. Öffnen Sie den Mund so weit es geht, und sagen Sie dabei laut „Jaaaa".

● Den Klang Ihrer Stimme verbessern Sie, indem Sie die „Mjam-mjam-mjam"-Methode anwenden. Sagen Sie „Mjam-mjam-mjam" mehrmals hintereinander. Dann tauschen Sie die Vokale aus: „Mjem-mjem-mjem", „Mjim-mjim-mjim", „Mjom-mjom-mjom", „Mjum-mjum-mjum".

● Als resonanzfördernd erweist sich folgende Übung: Sagen Sie laut „Gong" und spüren Sie dem Klang nach. Wiederholen Sie das einige Male. Dann machen Sie weiter mit „Ging", „Gang", „Geng" und „Gung". Wiederholen Sie diese Übung mit dem Wort „Gling" und tauschen Sie dann ebenfalls die Vokale aus, also „Glong", „Gleng", „Glang" und „Glung".

● Vor einer Rede ist es wichtig, dass Sie Ihren Mund lockern. Wie wäre es mit folgender Lippengymnastik: Sagen Sie einige Male laut: „E-o, e-o, e-o". Dann: „O-e, o-e, o-e", danach „I-u, i-u, i-u" und „U-i, u-i, u-i", anschließend „E-ö, e-ö, e-ö" und „Ö-e, ö-e, ö-e." Es ist wichtig, dass Sie das „Ö" sauber sprechen. Abschließend sagen Sie „I-ü, i-ü, i-ü" und „Ü-i, ü-i, ü-i". Hier ist es wichtig, den Klang zu beachten. Sprechen Sie nicht wie Mickey Mouse.

● Eine sehr beliebte Übung bei der Sprecherziehung ist es, mit einem Korken im Mund zu sprechen. Bereits fünf Minuten tägliches Üben mit dem Korken verhelfen zu einer besseren, deutlicheren und damit selbstbewussteren Sprechweise. Um Ihre Artikulation zu verbessern, empfiehlt es sich, mit einem Korken im Mund zunächst die Vokale „A-e-i-o-u" zu sprechen. Und schließlich können Sie ganze Texte lesen. Achten Sie darauf, so deutlich wie möglich zu reden. Machen Sie den Test, ob andere noch verstehen, was Sie sagen.

Eine Kostprobe, die Sie als Übungstext verwenden können, möchte ich Ihnen nicht vorenthalten. Folgendes versetzt Ihre Lippen sicher in Vibrationen:

„Wie wär's wohl, wenn wir weilten,
Wo wogende Wellen weich winken,
Wo wonniges Wehen im Walde,
Wenn Westwinde wiegen und weben?

Wohl werden wir weilen wo Waldweh'n,
Wo wallende Wellen sich wiegen,
Weil Waldwonnen Wunder wohl wirken."[33]

Machen Sie diese Übungen regelmäßig, insbesondere vor einem Sprech-auftritt. Um Artikulation und den Klang der Stimme zu verbessern, emp-fehlen Sprecherzieherinnen und -erzieher ein Buch, das ein echter Klassiker ist und um das wohl kein Schauspielschüler herumkommt: „Der Kleine Hey: Die Kunst des Sprechens" von Julius Hey und Fritz Rösch.

4. Schreiben Sie Artikel und Aktennotizen

Informieren Sie in Fachzeitschriften oder auch der Betriebszeitung darü-ber, was Sie wissen und erreicht haben. Schreiben Sie Aktennotizen und Abschlussberichte, wenn Sie ein Projekt erfolgreich beendet haben.

5. Halten Sie Kontakt zu Ihren Vorgesetzten

Machen Sie Ihren Chef oder Ihre Chefin auf Ihre Leistungen aufmerksam (siehe Seite 126 f.). Berichten Sie Interessantes über all die Hindernisse, die Sie überwinden mussten. Aber Vorsicht: Jammern Sie nicht, wie schwer Ihnen alles fällt. Sie haben ein Image zu verlieren, das Sie ja gerade erst aufbauen wollen – ein Image als durchsetzungsstarke, innovative Problemlöserin. Präsentieren Sie Ihrem Chef Erfolgsgeschichten. Dabei dürfen Sie durchaus über die Schwierigkeiten berichten, die Sie zum Bei-spiel mit einem Kunden hatten, aber wichtig ist das „Happy End".

Am Erfolg versprechendsten in Sachen Eigenwerbung ist es, Informa-tionen über sich wie nebenbei in ein Gespräch einfließen zu lassen.

Beispiele:
„Ich bin da völlig Ihrer Ansicht; das kann ich bestätigen. Ich habe Ähnliches während meines Jahres bei Citroën in Paris erfahren."
Ihr Gegenüber weiß nun nicht nur, dass Sie im Ausland gearbeitet ha-ben. Er kann noch dazu davon ausgehen, dass Sie fließend Französisch sprechen.

„Das ist interessant, was Sie da sagen. Etwas Ähnliches berichtete mir einer der Zuhörer bei meinem Vortrag letzte Woche in München."
Hier zeigen Sie, dass Sie offenbar über Fachwissen verfügen, an dem andere interessiert sind.

6. Melden Sie sich in Konferenzen und Diskussionen zu Wort

Die oft mangelhafte Selbstdarstellungsfähigkeit von Frauen zeigt sich auch darin, dass sie sich in Konferenzen oder Diskussionen selten zu Wort melden. Das gilt insbesondere in gemischtgeschlechtlichen Gesprächsgruppen. Sind sie unter sich, nimmt die Aktivität eindeutig zu. Aber Frauen reden in gemischten Gruppen nicht nur seltener, ihre Beiträge sind zudem noch kürzer.

Doch wie soll man auf Sie aufmerksam werden, wenn Sie den stummen Fisch mimen? Wer wenig in einer Diskussion sagt, steckt in einem Teufelskreis: Bei seltenen Äußerungen erhält man logischerweise auch nur wenig Feedback. Das ist nicht gerade ermutigend. Und Menschen, die sich ohnehin schwer tun, zu diskutieren, werden somit noch weniger sagen. Die Folge: kaum Resonanz. Aus lauter Frust verstummen viele am Ende ganz.

Denken Sie daran: Gruppenmitglieder, die sich nicht zu Wort melden, werden zur schweigenden Mehrheit gerechnet. Schweigen oder große Zurückhaltung wird meist als Desinteresse gewertet und führt zumindest dazu, dass Ihre Interessen nicht berücksichtigt werden. Wie denn auch, Sie haben diese ja gar nicht kundgetan.

Sie können noch so gut in Ihrem Beruf sein – jemand, der den Mund nicht aufkriegt, wird nur äußerst selten mit verantwortungsvollen Aufgaben betraut. Halten Sie sich immer stark zurück? Dann wird man Ihnen kaum „Höheres" zutrauen. Denn für derlei Aufgaben benötigen Sie die Fähigkeit, sich Gehör zu verschaffen und mit anderen reden zu können.

Also: Brechen Sie Ihr Schweigen. Wenn Sie sich nicht trauen, gleich auf der nächsten Konferenz etwas anzumerken bzw. sich öfter einzumischen, dann üben Sie erst einmal im kleinen Rahmen, auf einer privaten Feier.

Viele Frauen äußern sich auch deshalb nicht, weil sie glauben, inhaltlich nichts Wesentliches oder Neues beizutragen. Das muss auch gar nicht sein. Beobachten Sie einmal die Männer. Sagen die immer Bahnbrechendes? Nein, natürlich nicht. Es geht darum, dass Sie Ihre Präsenz hervorheben. Es ist in einer Diskussion nicht nur wichtig, inhaltlich etwas beizusteuern, genauso bedeutend ist es, Einfluss auf den Verlauf des Gesprächs zu nehmen. Folgende Möglichkeiten stehen Ihnen zur Verfügung:

- Reden Sie von Beginn an mit, zum Beispiel wenn es um Ablauf und Dauer von Redebeiträgen oder die Reihenfolge der Tagesordnungspunkte geht. Je früher Sie in die Diskussion einsteigen, desto besser, denn dann ist das Eis gewissermaßen gebrochen und weitere Diskussionsbeiträge werden Ihnen leichter fallen.
- Wenn Sie Parallelen zwischen Argumenten von anderen Teilnehmerinnen und Teilnehmern erkennen, benennen Sie diese.
- Fassen Sie Punkte zusammen.
- Melden Sie sich zu Wort, wenn Sie feststellen, dass am Thema vorbeigeredet oder ein Aspekt bisher nicht berücksichtigt wurde.
- Wenn Sie die Äußerung von jemand anderem teilen oder auch nicht, sagen Sie das. Wichtig ist, dass Sie begründen, weshalb Sie gegen etwas sind.
- Wenn Ihnen etwas unklar ist, trauen Sie sich, nachzufragen. Sie wissen doch, es gibt keine dummen Fragen.
- Führen Sie Argumente gedanklich fort. Sagen Sie, welche Konsequenzen ein Vorschlag Ihrer Ansicht nach haben könnte.
- Hat jemand anderes eine Schlussfolgerung gezogen, die für Sie nicht stimmig ist, sprechen Sie es an.
- Wenn Sie selber einen wichtigen Gedanken entwickelt und vorgetragen haben, können Sie ihn ruhig im weiteren Verlauf der Diskussion noch einmal bekräftigen.

Als Diskussionsleiterin

Leiten Sie selber eine Diskussion, sollten Sie folgende organisatorische Punkte beachten, um einen möglichst reibungslosen Ablauf zu gewährleisten:

- Wählen Sie einen geeigneten Termin, der den anderen Teilnehmern und Teilnehmerinnen genügend Vorbereitung ermöglicht. Denken Sie an freie Tage, Urlaub, Dienstpläne und dergleichen.

- Legen Sie der Einladung wenn möglich eine Tagesordnung und ein Teilnehmerverzeichnis bei.
- Sorgen Sie für einen störungsfreien Raum mit Visualisierungsmöglichkeiten wie Flipchart, Overheadprojektor, Stellwand, Videorekorder.
- Beginnen Sie pünktlich. Beim nächsten Termin wissen die notorischen Zuspätkommer, dass nicht auf sie gewartet wird.
- Überlegen Sie, wie Sie die Sitzung einleiten: Begrüßung, Tagesordnung vorstellen, kurze Erläuterung des ersten Themas und Einleitungsfrage stellen.
- Klären Sie, was erreicht werden soll.
- Nennen Sie Vorgabezeiten für einzelne Themenbereiche, um die Zeitplanung nicht zu sprengen.
- Vereinbaren Sie, Redezeiten zu begrenzen.
- Beauftragen Sie einen Teilnehmer oder eine Teilnehmerin mit der Zeitüberwachung und eine andere Person mit der Protokollführung.
- Überprüfen Sie zwischendurch immer wieder, ob das eigentliche Thema noch besprochen wird oder man möglicherweise auf Nebenschauplätzen diskutiert.
- Wenn Sie das Gefühl haben, jemand möchte etwas sagen, traut sich aber nicht, ermuntern Sie ihn oder sie zu einem Beitrag: „Frau Bäcker, Sie möchten dazu etwas sagen?", oder: „Ich kann mir vorstellen, dass Frau Dirks hier etwas richtig stellen möchte."
- Kann ein Teilnehmer oder eine Teilnehmerin den eigenen Standpunkt nicht deutlich machen, bieten Sie Ihre Unterstützung an: „Wenn ich Sie richtig verstanden habe, dann ..."
- Sorgen Sie für einen fairen Diskussionsstil. Wird jemand ausfallend, dann weisen Sie solche Äußerungen entschieden zurück: „Ich muss doch sehr bitten. Bleiben Sie bitte sachlich" oder „Bitte keine persönlichen Angriffe".
- Fassen Sie zwischendurch und am Ende der Sitzung die Ergebnisse zusammen, benennen Sie geklärte und offene Fragen. Sagen Sie deutlich, was von wem bis wann erwartet wird. Bitten Sie darum, dass dies auch im Protokoll festgehalten wird, um später darauf Bezug nehmen zu können.
- Machen Sie möglichst pünktlich Schluss.

Besserwisser, Dauerredner, Störer

Das pünktliche Ende ist oft gar nicht so leicht durchzusetzen, nicht zuletzt deshalb, weil es fast in jeder Sitzung und meist auch bei Vorträgen Besserwisser, Dauerredner und Störer gibt. Wie geht man mit diesen Teilnehmern am besten um?

Dauerrednern gebietet man Einhalt, indem man sie bei nächstbester Gelegenheit durch eine Frage unterbricht, die nur mit „Ja" oder „Nein" beantwortet werden kann. Greifen Sie die Antwort nur kurz auf und machen Sie dann möglichst flott mit dem weiter, was Sie eigentlich sagen wollten. Und stellen Sie redeunterstützendes Verhalten ein. Lächeln Sie dem Dauerredner nicht auch noch zu, und nicken Sie nicht zustimmend, verzichten Sie auch auf *„Ja"*, *„Soso"* oder *„Hm"*. Diese fehlende Reaktion Ihrerseits kann einen Redner sehr irritieren und ihn zum Verstummen bringen. Auch der Satz *„Dazu muss ich direkt mal etwas sagen"* ist sehr gut geeignet, um den Redefluss zu unterbrechen.

Haben Sie es mit ganz hartnäckigen Fällen zu tun, stellen Sie eine Frage, die vielleicht etwas aggressiv, aber sehr wirkungsvoll ist: *„Interessiert es Sie eigentlich, ob Ihnen noch jemand aufmerksam zuhört?"* Damit erzielen Sie mit Sicherheit einen Überraschungseffekt. Sie können dann hinzufügen: *„Ich bin sicher, dass wir Ihnen alle gern zuhören wollen. Doch bei der Fülle an Informationen ist das kaum noch möglich. Lassen Sie doch bitte einmal Frau Meier zu Wort kommen."*

Ab und an hat man es mit Personen zu tun, die alles daransetzen, andere aus dem Konzept zu bringen durch Murmeln, Grummeln oder entrüstete Blicke. Solche Saboteure können Sie am besten stoppen, indem Sie sie an der Diskussion beteiligen, nach dem Motto: *„Sie runzeln die Stirn – bereitet Ihnen der Vorschlag Probleme?"* Und fordern Sie dann möglichst konkrete Aussagen ein: *„Begründen Sie das mal näher."* Als hilfreich erweist es sich in der Regel, die anderen Teilnehmerinnen und Teilnehmer einzubeziehen: *„Mich interessiert, wie die anderen das sehen. Gibt es Meinungen dazu?"*

Besonders bei Leuten, die es nur darauf anlegen, Sie zu provozieren, gilt vor allem: cool bleiben und sich nicht mitreißen lassen. Wenn jemand beleidigend wird oder ungerechtfertigte Kritik übt, dann gehen Sie damit offensiv um, indem Sie zum Beispiel sagen: *„Nach diesen un-*

qualifizierten Bemerkungen wollen wir doch zum Thema zurückkehren."
Andere Möglichkeit: Nutzen Sie die oben aufgeführten Schlagfertigkeitstechniken (siehe Seite 48–78, zum Beispiel Abgrenzungs-Technik).

7. Achten Sie auf Ihre Körpersprache

*Katja, 44, saß im Seminar in der letzten Reihe – mit gesenktem Kopf, bei-
gem Pulli und dunkler Hose bekleidet, langweiligem Haarschnitt, unge-
schminkt, blass. Sie blickte kaum auf. Kurz und gut: eine durch und durch
unauffällige Erscheinung. Doch als sie dann aufgefordert wurde, sich vorzustellen, da spürte man plötzlich, dass diese Frau durchaus nicht die graue
Maus ist, die sie rein äußerlich abgibt. Sie hat eine gute Position in einem
Großunternehmen, spricht fließend vier Sprachen, war lange im Ausland,
hat zwei hervorragende Studienabschlüsse und so weiter. Ich weiß noch, wie
verblüfft ich und auch die anderen Teilnehmerinnen waren, welch interessante Persönlichkeit hinter dieser unauffälligen Erscheinung steckt. Katja ist
einer der typischen Fälle, wo das Äußere wenig mit dem Inneren harmoni-
siert. Ihre Körpersprache und Ihr Outfit signalisierten: Mich muss man
nicht beachten, ich habe nichts zu bieten, wer bin ich schon?*

Nicht nur bei Vorträgen und in Diskussionen, sondern in Ihrem gesam-
ten Auftreten sollten Sie bedenken: Aufgrund Ihrer äußeren Erscheinung, der Art Ihres Auftritts, Ihrer Körperhaltung, Mimik, Ihres Blick-
verhaltens, Ihrer Sprechweise (siehe Seite 137–141) und Gestik vermitteln Sie eine ganze Menge an Informationen über sich und machen
damit unter Umständen im Nu den Versuch, ein selbstbewusstes, sicheres Image aufzubauen, zunichte. Sie können noch so gut sein im Beruf,
eine exzellente Rede gehalten haben oder ein Projekt erfolgreich abgeschlossen haben, wenn Ihre Körpersprache Unsicherheit signalisiert,
sind Ihre Erfolge nur noch die Hälfte wert. Man wird Ihnen die verbal
vermittelte Sicherheit nicht abnehmen, denn Ihr Körper hat etwas ganz
anderes über sie gesagt.

Experten sind der Auffassung, dass mehr als die Hälfte – manche
sprechen sogar von 80 Prozent – der Informationen, die Menschen hin
und her senden, über Körpersignale mitgeteilt werden. Brillante Argu-

mente, interessante Inhalte, innovative Ideen – schön und gut. Aber das alles muss mit einer entsprechenden Körpersprache harmonieren. Die nonverbalen Signale erlauben einen Blick in unser Innerstes. Und das wird von unserer Umwelt – bewusst oder unbewusst – als zusätzliche Information über uns begierig aufgesogen.

Verräterische Signale

Nicht zuletzt deshalb wird zum Beispiel in Vorstellungsgesprächen oder dem Assessment-Center, dem wohl härtesten Personalauswahlverfahren, auf Haltung, Gestik und Mimik von Bewerberinnen und Bewerbern sehr genau geachtet. Man meint darin zu erkennen, wie ein Mensch wirklich ist. Ob das ganz so einfach zu interpretieren ist, wie manche Hobbypsychologen glauben, mag dahingestellt bleiben.

Fakt ist jedoch: Unsere Körpersprache verrät mehr über unser wahres Ich, als uns lieb ist. Wir zeigen, was wir wirklich meinen, wie wir tatsächlich zu einem Menschen, einer Aufgabe oder einem Vorschlag stehen. So, wie wir uns fühlen, so geben wir uns. Darum müssen wir unser Selbstbewusstsein trainieren, wenn wir auch körpersprachlich überzeugen möchten. Unsere innere Unsicherheit und unsere Selbstzweifel, all das kommt durch unser Auftreten zum Ausdruck. Dass unser innerer Zustand sehr viel mit Körperhaltung zu tun hat, können wir bestimmten Redewendungen entnehmen, die Sie sicher auch schon einmal gehört haben: *„Sie hat wirklich Haltung gezeigt", „Kopf hoch, das wird schon", „Lass den Kopf nicht hängen"* oder: *„All das lastet auf meinen Schultern."*

Für viele Frauen ist es schwer, eine selbstbewusste Körperhaltung einzunehmen, denn schließlich haben sie von klein auf gelernt, lieb und nett zu sein und das auch körpersprachlich zum Ausdruck zu bringen. Nur dumm, dass man damit im Beruf leider nicht allzu weit kommt.

Männliche und weibliche Körpersprache

So wie Frauen und Männer verschieden sprechen, so unterscheidet sich auch ihre Körpersprache. Die Fotografin Marianne Wex, die auf über 6 000 Fotos weibliche und männliche Körpersprache festhielt, beobachtete bei Frauen meist eng aneinander gehaltene Beine, gerade oder nach innen gestellte Füße sowie eng am Körper gehaltene Arme. Das bedeutet: „Die Frau macht sich schmal, nimmt wenig Raum in Anspruch." [34]

Nach Wex sind die gängigsten Merkmale der männlichen Körpersprache: breite Beinhaltung, nach außen gestellte Füße, die Arme im Abstand zum Körper gehalten. Das bedeutet: „Der Mann macht sich breit und nimmt allgemein für sich wesentlich mehr Raum in Anspruch als die Frau."[35]

Deutlich wird, dass Körpersprache Machtverhältnisse ausdrückt. So zeigen nur deutlich unterprivilegierte Männer eine ähnliche Körpersprache wie Frauen.

Dass Männer und Frauen ein ganz verschiedenes Körperverhalten an den Tag legen, wird jede Frau schon einmal erlebt haben, wenn sie mit dem Flugzeug oder der Bahn gereist ist. Sitzen Sie neben einem Mann, können Sie davon ausgehen, dass er wie selbstverständlich die Armlehne ganz für sich allein beansprucht.

Interessanterweise sind die Körperhaltungen von Frauen davon abhängig, ob Männer anwesend sind oder nicht. Marianne Wex beobachtete, dass Frauen, wenn sie unter sich sind, eine viel entspanntere Haltung einnehmen. Sobald ein Mann auftaucht, veränderten sich sofort Gesichtsausdruck und Stellung. In ihren Körperhaltungen am angepasstesten, das heißt sich möglichst klein und unauffällig machend, seien Frauen im Alter zwischen 15 und 25 Jahren. Wex nimmt an, dass auf diese Gruppe der Druck bzw. die Erwartung, dem Bild einer „richtigen" Frau zu entsprechen, am stärksten ist.[36]

Da haben wir es wieder: Was tut frau nicht alles, nur damit an ihrer Weiblichkeit nicht gezweifelt wird. Große Frauen beispielsweise entwickeln mitunter eine eigenwillige Technik, um dem Mann, der neben ihnen steht, nicht das Gefühl der Unterlegenheit zu geben. Sie ziehen den Kopf ein, lassen die Schultern hängen, kippen das Becken und setzen auf den Lady-Di-Blick: schüchtern von unten nach oben.

Schon kleine Mädchen lernen, wie sie zu sitzen oder zu stehen haben. Das konnte ich kürzlich wieder auf einer Familienfeier deutlich beobachten. Die dreijährige Nele saß quietschvergnügt und in Gedanken versunken mit ihrem neuen Spielzeug auf einem Hocker. Als ihr Onkel sie sah, rief er ihr zu: *Beine zusammen!"* Sie, die sonst immer und überall fragt, warum, wieso und weshalb, reagierte diesmal prompt und fügte sich wortlos. Für sie war offensichtlich klar: So darf man (als Mädchen) nicht sitzen.

Machen Sie sich nicht selbst zum Opfer

Vielen Frauen ist nicht bewusst, dass sie – zum Beispiel bei einer Präsentation – durch ihre körperlichen Signale einen Teil ihrer fachlichen Kompetenz wie auch ihrer Position wieder einschränken. Unbewusstes Achselzucken, verschränkte Arme, wildes Gestikulieren oder unsicheres Stehen vermitteln deutlich: Ich habe Ihnen hier zwar einiges mitzuteilen, aber sicher bin ich mir meiner Sache nicht. Sie zeigen ihrer Umwelt damit unbewusst, dass sie bereit sind, sich zum „Opfer" machen zu lassen. Kein Wunder, wenn das Publikum bei einem Vortrag zum Beispiel überkritisch nachfragt und zum Kontra regelrecht animiert wird, weil es unbewusst ableitet: So viel steckt hinter den Worten nicht. Wenn ich hier was Freches sage, brauche ich nicht mit Gegenwehr zu rechnen. Schwäche wird, so traurig es ist, von anderen ausgenutzt.

Fragen Sie sich einmal ganz ehrlich: Passt die Art, wie Sie sich bewegen, noch zu Ihrer Position, die Sie mittlerweile haben oder gerne hätten? Hören Sie auf, wie die „Unschuld vom Lande" oder ein kleines Mädchen aufzutreten. Sie dürfen sich sonst nicht wundern, wenn man Sie auch so behandelt. Machen Sie sich nicht kleiner als Sie sind, stehen Sie zu sich – im wahrsten Sinne des Wortes. Auch wenn Sie glauben, durch bestimmte Bein- oder Kopfhaltungen besser auszusehen, Sie sind nicht auf einer Misswahl, sondern es geht um Ihren beruflichen Erfolg. Und da sind Stärke, Kompetenz und eine überzeugende Persönlichkeit gefragt und nicht püppchenhaftes Aussehen.

Was lernen wir daraus? Darauf kommt es bei der selbstbewussten Körpersprache an:

- Versuchen Sie generell, eine selbstbewusste Haltung einzunehmen mit erhobenem Kopf, geradem Hals und Rücken.
- Achten Sie darauf, mit beiden Beinen fest auf dem Boden zu stehen. Die Füße sollten nicht zu eng beieinander sein.
- Lassen Sie Ihre Arme nicht baumeln, winkeln Sie sie besser leicht an.
- Bemühen Sie sich um einen zielsicheren Gang mit nicht zu kleinen

Schritten, lassen Sie die Arme locker mitschwingen, um Einsatzfreude und Engagement zu unterstreichen.

- Wenn Sie auf einem Stuhl sitzen, sollten Sie die ganze Sitzfläche aus nutzen. Setzen Sie beide Füße auf den Boden, schlingen Sie sie nicht um die Stuhlbeine.

- Blicken Sie nicht verschämt zu Boden, sondern versuchen Sie, mit Ihrem Gegenüber Blickkontakt zu halten.

- Signalisieren Sie Offenheit und Interesse, indem Sie eine offene Körperhaltung einnehmen.

- Fuchteln Sie nicht nervös mit Ihren Händen, nesteln Sie nicht an Ihren Haaren oder Ihrer Kleidung. Klammern Sie sich auch nicht an Gegenständen, zum Beispiel Kugelschreibern oder Tischkanten fest.

- Probieren Sie ganz bewusst ruhige, raumgreifende Gesten aus, die Selbstsicherheit demonstrieren. Verschaffen Sie sich Platz, erheben Sie Anspruch auf ausreichend Raum. Machen Sie sich bemerkbar.

- Bei Ihrer Werbekampagne für sich in Sachen Körpersprache und äußere Erscheinung sollten Sie Statussymbole nicht vergessen – angefangen bei der Kleidung, über das Handy und Markenartikel bis hin zum Auto. Auch wenn Sie nicht viel davon halten, all das sind Symbole des Erfolgs. Und Sie wollen doch nach außen Ihren Erfolg symbolisieren. Natürlich ist es auch ein Zeichen von Macht. Statussymbole beeindrucken und verschaffen Ihnen bei Besprechungen, Geschäftsabschlüssen oder Konferenzen eine deutlich bessere Ausgangsposition. Man kann es beklagen, aber so ist es.

- Um sich selbst besser einzuschätzen, sollten Sie sich mit der Videokamera beobachten – zum Beispiel beim Üben eines Vortrags.

Um die Wirkung der Körpersprache zu verdeutlichen, machen Sie doch einmal einen Versuch: Nehmen Sie bestimmte Haltungen ein und beobachten Sie, wie Sie sich dabei fühlen und welche Stimmung Sie damit ausdrücken.

Wie fühlen Sie sich, wenn Sie:

- beim Sitzen auf einem Stuhl nur knapp auf der Stuhlkante Platz nehmen?

- nun die volle Sitzfläche einnehmen?

- beim Gehen in Richtung Boden blicken und die Schultern leicht hängen lassen?
- nun beim Gehen den Kopf aufrecht halten, nach vorne blicken, sich gerade halten?
- beim Stehen überwiegend auf einem Bein stehen und das andere nur zum Abstützen benutzen?
- nun beide Beine mit leichtem Abstand fest auf den Boden stellen?

Diese Übung unterstreicht deutlich: Körpersprache wirkt nicht nur nach außen, sondern auch nach innen. Wenn ich gebückt gehe und den Kopf hängen lasse – was bleibt mir dann anderes übrig, als mich klein und machtlos zu fühlen? Solche körpersprachlichen Signale zeigen der Umwelt Unterwürfigkeit und geben darüber hinaus einem selbst noch das Gefühl der Unterlegenheit. Durchbrechen Sie diesen Kreislauf: Kopf hoch, gerade Haltung – zeigen Sie allen, dass Sie nicht (länger) die graue, sich am liebsten versteckende Maus sind.

Übrigens: Ein bewusster Umgang mit der Körpersprache hilft Ihnen natürlich auch, Ihre Mitmenschen besser einzuschätzen. Ihr Gegenüber gibt Ihnen viele Zeichen, was in ihm oder ihr vorgeht.

Die wichtigsten Punkte, wie Sie am besten von sich reden machen, finden Sie in der folgenden Checkliste:

CHECKLISTE

- **Sorgen Sie dafür, dass andere merken, wie gut Sie sind. Machen Sie auf Ihre Leistungen aufmerksam.**
- **Begnügen Sie sich nicht mit einem Platz in der zweiten Reihe.**
- **Werben Sie für sich.**
- **Legen Sie falsche Bescheidenheit ab.**
- **Machen Sie sich klar, wo Ihr „State of Excellence" liegt.**
- **Tun Sie nicht nur Gutes, reden Sie auch darüber.**
- **Verschleiern Sie Ihre Eigenreklame geschickt.**
- **Werden Sie in Berufsorganisationen aktiv, treten Sie Komitees bei, kandidieren Sie für ein Amt.**
- **Halten Sie Reden und Vorträge.**

- Haben Sie keine Angst vor Lampenfieber.
- Machen Sie Sprechübungen.
- Schreiben Sie Artikel für Fachzeitschriften und -zeitungen.
- Schreiben Sie Aktennotizen und Abschlussberichte.
- Halten Sie Kontakt zu Ihren Vorgesetzten.
- Melden Sie sich in Konferenzen zu Wort.
- Denken Sie an Ihre Körpersprache.

Karriereschritt 4: Neinsagen lernen

Kirsten, 43, besuchte eines meiner Zeitmanagement-Seminare, weil ihr die Arbeit über den Kopf wuchs. Sie wollte Strategien erlernen, wie sie ihre Arbeit besser bewältigen könnte. „Ich weiß nicht mehr, wie ich das alles schaffen soll", erzählte sie. „Überstunden sind schon der Regelfall und nicht mehr die Ausnahme. Mein Fach wird immer voller. Ich bin nur noch dabei, den Berg abzutragen. Aber das gelingt mir nicht, weil immer Neues dazu kommt."

Als wir länger über ihr Problem sprachen, stellte sich heraus, dass Kirsten ihre eigentliche Arbeit gut bewältigte. Was ihr aber zu schaffen machte, waren die vielen zusätzlichen Aufgaben, die sie den Kolleginnen und Kollegen zuliebe übernommen hatte. „Am Anfang war es nur ab und zu mal eine kleine zusätzliche Arbeit. Ich habe mir gesagt, da fällt mir kein Zacken aus der Krone, wenn ich das noch mal schnell mitmache. Das Problem besteht mittlerweile jedoch darin, dass es mit ,mal schnell' nicht getan ist. In meinem Fach sammelt sich immer mehr an."

Es ist für die Kolleginnen und Kollegen zur Selbstverständlichkeit geworden, Arbeit bei Kirsten abzuladen. Niemand macht sich noch die Mühe, sie zu fragen, sondern alle legen ihr einfach die Sachen ins Fach. Und Kirsten? Sie lässt es mit sich machen. Sie traut sich nicht, die Zusatzaufgaben abzulehnen, weil sie Angst hat, den Unmut der anderen auf sich zu ziehen, und auch weil sie befürchtet, ihren Arbeitsplatz zu gefährden, wenn sie nein sagt.

Die Helferinnenrolle ablegen

So wie Kirsten geht es vielen Frauen. Sie sagen „Ja", obwohl sie „Nein" meinen. Sie verhalten sich so, weil sie wieder mal das nette Mädchen spielen und tun, was man von ihnen erwartet (siehe auch „Raus aus der Nettigkeitsfalle", Seite 31–35). Sie bauen ihr Selbstwertgefühl darüber auf, dass andere sie brauchen und ihnen für ihre Hilfe dankbar sind.

Was soll man auch machen, wenn die Kolleginnen und Kollegen einen mit Schmeicheleien regelrecht einwickeln: *„Mensch, was würden wir nur ohne dich machen?", „Ich weiß, dass du das hinkriegst", „Es ist klasse, dass man sich immer auf dich verlassen kann."* Soll man diese Menschen enttäuschen? Sicher ist Hilfsbereitschaft und Zuverlässigkeit etwas Schönes. Nur die Grenze ist erreicht, wenn Ihre eigenen Bedürfnisse dabei zu kurz kommen.

Frauen sind gründlich darauf trainiert, die Bedürfnisse anderer wichtiger zu nehmen als ihre eigenen. Es ist nicht leicht, diese Helferinnenrolle abzulegen und der eigenen beruflichen Entwicklung den Vorrang einzuräumen. Lernen Sie, sich selbst zu unterstützen. Seien Sie sich selbst eine gute Freundin – nicht immer nur den anderen. Wenn Sie Karriere machen oder zumindest gut und nicht völlig ausgelaugt den Arbeitstag überstehen wollen, bleibt Ihnen gar keine andere Wahl, als deutlich Grenzen zu setzen.

Denken Sie einmal in Ruhe darüber nach, welche Schwierigkeiten Ihnen das Neinsagen bereitet. Um sich mehr Klarheit über die Problematik zu verschaffen, ist es ratsam, folgende Fragen schriftlich zu beantworten.

1. Wer bittet mich immer wieder um die Übernahme von zusätzlichen Aufgaben bzw. legt mir Extraarbeit hin, ohne mich zu fragen?

_____

_____

2. Was sind das für Extraarbeiten? Wie zeitaufwendig sind sie?

_____

_____

3. Gibt es dabei etwas, was ich problemlos übernehmen kann, ohne allzu viel von meiner Zeit dafür zu opfern?

_____

_____

4. Welche Extraarbeit möchte ich künftig nicht mehr machen?

_____

_____

5. Warum sage ich nicht „Nein", wenn ich „Nein" meine? Wovor habe ich Angst?

_____

_____

6. Was würde schlimmstenfalls passieren, wenn ich nicht immer „Ja" sage?

_____

_____

7. Welche Vorteile bringt es mir, wenn ich auch mal „Nein" sage?

_____

_____

Die Beschäftigung mit diesen Fragen öffnet so mancher die Augen darüber, dass sie zu oft „Ja" sagt und dass so viel gar nicht passieren wird, wenn sie öfter mal „Nein" sagt. Vorausgesetzt, sie macht es richtig.

Wie Sie am besten „Nein" sagen

Wichtig ist, wie Sie „Nein" sagen: nicht zu zögernd, aber auch nicht schnippisch. Möchte man Ihnen zusätzliche Arbeit „aufdrücken", lehnen sie es mit einem vernünftig-kooperativen Nein ab:

„Ich verstehe, dass das wichtig ist. Aber ich bin der Meinung, dass es besser ist, wenn ich, wie zuvor vereinbart, erst die Aufgaben X und Y erledige, die ja sehr wichtig für unsere Abteilung sind. Das Ganze soll Hand und Fuß haben, deshalb möchte ich mich hundertprozentig auf diese wichtigen Aufgaben konzentrieren. Es tut mir Leid, aber, wenn ich das vernünftig erledigen soll, bleibt mir keine Zeit für Z."

Wenn Sie richtig gut sind, dann fällt Ihnen auch noch eine Alternative ein, wie Sie Unterstützung anbieten können, indem Sie zum Beispiel ein bereits ausgearbeitetes Papier oder Akten zur Verfügung stellen oder auf einen Ansprechpartner verweisen.

In ruhigem, sachlichen Ton mit logisch-nachvollziehbaren Argumenten werden Sie überzeugen können. Sollte Ihr Gegenüber trotzdem darauf beharren, ärgerlich werden oder versuchen, Ihr Mitleid zu erwecken, geben Sie nicht sofort nach. Wiederholen Sie noch einmal die Wichtigkeit der bereits angenommenen Arbeiten und Ihren Wunsch, diese auch wirklich gut bewältigen zu wollen.

Sie werden Ihr Gegenüber umso besser von Ihrem Nein überzeugen, je überzeugter Sie sind, ein Recht auf dieses Nein zu haben. Wenn Sie nicht daran glauben, dass Sie den anderen zur Einsicht bringen, dass zum Beispiel eine zusätzliche Aufgabe wirklich zu viel ist, werden Sie auch wenig Chancen haben, die Arbeit erfolgreich ablehnen zu können.

Nicht nur am Arbeitsplatz, auch im Privatleben tritt man mit Bitten, Wünschen und Forderungen an Sie heran? Auch hier haben Sie selbstverständlich das Recht, nein zu sagen. Und hier muss es nicht immer begründet werden. Wenn Sie keine Lust auf Kino haben, dann muss Ihre Antwort reichen, dass Ihnen nicht danach ist. Sie bestimmen über Ihre Zeit. Es ist nicht erforderlich, immer und überall Rechenschaft darüber abzulegen, weshalb sie lieber den Abend allein verbringen wollen als mit der Familie oder einer Freundin. Sie müssen deshalb kein schlechtes Gewissen haben.

Warum Neinsagen so wichtig ist

Frauen, die nicht „Nein" sagen können, blockieren damit die eigene Karriere. Denn: Die vielen „Kannst-du-mal-schnell"-Aufgaben sorgen für einen vollen Terminkalender. Sie bekommen, wenn Sie Pech haben, immer mehr von den Aufgaben aufgebürdet, die sonst keiner machen will. Überstunden sind die Regel. Der Frustpegel steigt, der Lustpegel sinkt. Sie haben weder Zeit noch Kraft, wirklich wichtige, große Aufgaben zu übernehmen, mit denen Sie auf sich und Ihre Fähigkeiten aufmerksam machen können.

Sie laufen aber nicht nur Gefahr, auf der Karriereleiter hängen zu bleiben, sondern in erster Linie, Ihre Selbstachtung zu verlieren. Wenn Sie immer nur „Ja" sagen, zeigen Sie Ihrer Umwelt: „Mit mir kann man es machen." Eine solche Hilfsbereitschaft wird – da können Sie sicher sein – gnadenlos ausgenutzt. Sagen Sie „Nein", wenn Ihnen danach ist. Denn insgeheim ärgern Sie sich sehr wahrscheinlich doch, wenn Sie immer wieder Aufgaben annehmen oder Bitten und Forderungen nachgeben, für die Sie eigentlich keine Zeit oder Lust haben. Ein Lob oder eine Schmeichelei besänftigt vielleicht für einen kurzen Moment, aber das hält in der Regel nicht lange an. Die Wut und der Ärger über sich selbst und darüber, dass andere mal wieder über Ihre Zeit bestimmt haben, kommen immer wieder hoch.

Wenn Sie nicht ganz deutlich signalisieren, dass Ihre Grenze erreicht ist, müssen Sie sich nicht wundern, wenn Ihre Umgebung sie immer wieder übertritt. Schließlich nehmen Sie die Aufgabe ohne zu murren an – womöglich noch mit einem Lächeln im Gesicht, (siehe auch „Immer nur lächeln?", Seite 32 f.). Es ist eine Illusion zu glauben, dass Ihre Umgebung von sich aus darauf kommen müsste, dass man Ihnen nicht noch mehr zumuten darf.

Wer „Nein" sagt, ist keine rücksichtslose Egoistin. Sie lehnen damit nicht eine andere Person ab, sondern das „Nein" richtet sich lediglich gegen deren Bitte oder Forderung. „Nein" zu sagen bedeutet, dass Sie verantwortungsbewusst sind. Sie wissen genau, was Sie sich zumuten können und was nicht. Diese Verantwortung für sich selber können nur Sie übernehmen. Sie haben das Recht, eigene Bedürfnisse anzumelden. Das tun Sie nicht *gegen* die anderen, sondern *für* sich.

Die wichtigste Aspekte zum Neinsagen finden Sie in der folgenden Checkliste:

CHECKLISTE

- Sagen Sie nicht „Ja", wenn Sie eigentlich „Nein" meinen.
- Lassen Sie sich nicht von Ihrer Umgebung vereinnahmen.
- Nehmen Sie die Bedürfnisse anderer nicht wichtiger als Ihre eigenen.
- Brechen Sie aus der Helferinnenrolle aus.
- Zögern Sie nicht zu lange mit dem Neinsagen.
- Zeigen Sie sich dabei vernünftig-kooperativ, aber dennoch entschieden.

Karriereschritt 5:
Dem Perfektionismus eine Absage erteilen

Nobody is perfect – niemand ist vollkommen. Den Spruch kennen Sie sicher. Lassen Sie ihn auch bei sich gelten? Viele Frauen verlangen von sich, perfekt zu sein. Sie sind ständig bemüht, alles genau richtig zu machen. Das aber ist ein vergebliches und letztlich selbstzerstörerisches Unterfangen. Vollkommenheit ist eine Illusion und ein unmögliches Ziel. Da Perfektion auch trotz stärkster Bemühungen nicht erreichbar ist, führt der Wunsch nach Vollkommenheit lediglich dazu, dass man immer wieder von sich selbst enttäuscht ist und sich für gescheitert und unfähig hält. Das Selbstwertgefühl wird immer kleiner.

Viele Frauen trifft es hart, wenn deutlich wird, dass sie nicht perfekt sind, zum Beispiel wenn man sie kritisiert (siehe Seite 159–164). Sie versuchen dann, sich noch mehr anzustrengen, doch letztlich schaden sie sich damit nur selbst. Nicht nur, weil sie ihr Ziel, die Vollkommenheit, nie erreichen werden, sondern auch deshalb, weil ihre Umwelt eine äußerst hohe Erwartungshaltung an sie entwickelt, die die Frauen noch mehr unter Druck setzt.

Warum streben viele Frauen Vollkommenheit um jeden Preis an? Es steckt vor allem Angst dahinter: Angst, nicht gut genug zu sein, Angst, zu versagen, Angst, sich vor anderen zu blamieren, und Angst, in den Augen der anderen nichts wert zu sein. In dieser Haltung spiegeln sich unterschwellig die Botschaften wider, die die Gesellschaft den Frauen unaufhörlich vermittelt, zum Beispiel dass sie minderwertig sind. Perfektionistinnen sind ständig darum bemüht, das Gegenteil zu beweisen. Deshalb glauben sie, sich Fehler nicht erlauben zu dürfen.

Perfektionistinnen geben sich selber keine Schonfrist, um Dinge zu lernen oder auszuprobieren. Alles muss gleich auf Anhieb klappen. Und sie fragen sich auch nicht: „Was kann ich aus Fehlern lernen?" Stattdessen verurteilen sie sich für ihre Fehler und nehmen sich vor: „Das sollte mir nicht noch einmal passieren." Sie können sich einen Fehler nicht verzeihen und niemals „alle fünfe gerade sein lassen".

Doch betrachten Sie es doch einmal so: Wir lernen viel mehr aus den Fehlern als aus den Dingen, die gut gelaufen sind. Und die einzige Möglichkeit, Fehler zu vermeiden, ist das Nichtstun. Fehler sind die Stufen nach oben – zum Erfolg. Vorausgesetzt, wir lernen daraus.

„Shit happens"

Was kann man tun, wenn man Angst hat, Fehler zu machen?

Akzeptieren Sie, dass jeder Mensch – auch Sie – das Recht hat, etwas falsch zu machen. Das ist nur menschlich. „Shit happens", wie der Amerikaner – und die Amerikanerin – sagt. Das ist kein Grund, sich selbst oder andere zu verurteilen. Sehen Sie einen Fehler als Basis für Veränderung und Entwicklung. Machen Sie sich keine Vorwürfe. Sie haben schon genug damit zu tun, einen Fehler zu verarbeiten und sich zu überlegen, wie Sie ihn vielleicht wieder gutmachen können. Die einzig sinnvolle Konsequenz lautet: Lernen Sie daraus.

Vermeiden Sie bestimmte Handlungen nicht, nur weil Sie Angst haben, einen Fehler zu machen. Sie wissen doch: Vieles im Leben klappt erst durch „Learning by doing". Wenn Sie das „Doing" aber unterlassen, können Sie nicht besser werden. Im Gegenteil, die Angst vor Fehlern lässt Sie so sehr verkrampfen, dass neue Missgriffe geradezu heraufbeschworen werden. Gehen Sie schwierige Situationen beherzt an. Achten Sie ganz bewusst darauf, was Sie fühlen. Angst? Ja, vielleicht. Aber bleiben Sie trotzdem dran. Dann werden Sie nämlich erleben, dass Sie das aushalten können. Glückwunsch! Sie haben in diesem Moment die Angst ein Stückchen besiegt. Je öfter Sie sich in solche Situationen begeben, desto weniger kann Ihnen die Angst anhaben. Vielleicht können Sie mit einem Spruch, der mir in schwierigen Situationen immer hilft, auch etwas anfangen. Er lautet: „Der Mensch wächst mit seinen Aufgaben." Betrachten Sie Probleme als Chance, weiterzukommen. Und wenn etwas mal nicht klappt? Dann können stolz sein, dass Sie es zumindest versucht und sich nicht gedrückt haben!

Bereiten Sie sich auf Situationen, die Ihnen Angst machen, entsprechend vor. Entspannen Sie sich vor dem entscheidenden Moment, beispielsweise einem Vortrag. Probieren Sie verschiedene Entspannungsmethoden aus. Und verdeutlichen Sie sich noch einmal: So sehr Sie auch danach streben, die Sicherheit, keine Fehler zu machen, gibt es im Leben nicht. Was wäre das auch für ein Leben? Worüber sollte man sich da noch freuen, wenn alles sowieso glatt ginge?

Blockieren Sie sich also nicht selbst mit unmenschlich hoch gesteckten Zielen. Halten Sie sich besser an den Schauspieler und Regisseur Sir Lawrence Olivier, der einmal gesagt hat: „Verschwenden Sie nicht Ihre Zeit, um nach Vollkommenheit zu streben. Geben Sie einfach Ihr Bestes."

Wie Sie sich gegen den Perfektionismuswahn am besten wehren, lesen Sie noch einmal kurz zusammengefasst in der folgenden Checkliste.

CHECKLISTE

- **Nobody is perfect – auch Sie nicht.**
- **Der Wunsch nach Perfektionismus führt dazu, dass die Erwartungen an Sie immer größer werden.**
- **Begreifen Sie den Fehler als Chance, etwas dazuzulernen.**
- **Niederlagen gehören zum Leben – lernen Sie, damit umzugehen.**
- **Verzeihen Sie sich und anderen Fehler.**
- **Denken Sie daran: Sie haben das Recht, etwas falsch zu machen und aus Fehlern zu lernen.**
- **Gehen Sie Situationen, die Ihnen Angst machen, nicht aus dem Weg.**
- **Machen Sie sich vertraut mit dem Gedanken: Völlige Sicherheit gibt es nicht.**
- **Nehmen Sie Herausforderungen an.**

Karriereschritt 6: Gekonnt mit Kritik umgehen

Chef: *„Die Rechnung an Firma Brodersen & Brodersen sollte schon vor vier Tagen abgeschickt werden. Jetzt erfahre ich von Kollege Maier, dass sie immer noch nicht geschrieben ist. Was haben Sie sich dabei gedacht?"*

Sekretärin: *„Ich habe so viel zu tun und da …"*

Chef: *„So eine Rechnung zu schreiben dauert ein paar Minuten. Sie wissen, wie wichtig das für unser Unternehmen ist. Oder wollen Sie damit sagen, dass Sie überfordert sind?"*

Sekretärin: *„Nein, aber es gab eben sehr viel zu tun in den letzten Tagen, und da habe ich daran nicht gedacht …"*

Es ist ein unangenehmes Gefühl, wenn man kritisiert wird. Wer hört so etwas schon gern? Allerdings sollten Sie die Kritik annehmen, wenn Sie berechtigt ist. Seien Sie nicht persönlich gekränkt, sondern machen Sie sich die Kritik zunutze, und lernen Sie daraus, um es künftig besser zu machen. Das Sprichwort „Fehler sind die Stufen zum Erfolg" ist sicher richtig, vorausgesetzt, man ist bereit, aus seinen Fehlern zu lernen. Nehmen Sie Kritik als Möglichkeit, sich weiterzuentwickeln.

Berechtigte Kritik

Wenn Sie einen Fehler gemacht haben, versuchen Sie nicht, sich zu rechtfertigen und Ausreden zu finden. Wichtig ist auch, dass Sie Ihrem Kritiker nicht ins Wort fallen. Hören Sie aufmerksam zu, was man Ihnen zu sagen hat. Zeigen Sie Selbstbewusstsein, indem sie dazu stehen: *„Ja, Sie haben Recht. Ich habe einen Fehler gemacht. Es tut mir Leid."*

Wenn Sie versuchen, mit Ausflüchten oder langen Erklärungen Ihren Ausrutscher zu rechtfertigen, machen Sie die ganze Sache nur noch schlimmer, und es ist anzunehmen, dass Ihr Gegenüber noch wütender wird. Wer zu seinem Fehler steht, signalisiert: *„Ich erkenne den Ernst der Lage und ich verstehe, dass Sie wütend sind."* Damit stellen Sie Ihre soziale Kompetenz unter Beweis und nehmen dem anderen noch dazu den Wind aus den Segeln: Man muss Sie gar nicht mehr davon überzeugen, was sie falsch gemacht haben. Sie haben es bereits eingesehen. Demonstrieren Sie also selbstbewusste Offenheit. Geben Sie es offen zu, wenn Sie einen Fehler gemacht haben. Entschuldigen Sie sich, und fragen Sie: *„Was kann ich tun, um meinen Fehler wieder gutzumachen? Gibt es eine Möglichkeit, die befürchteten Folgen zu verhindern?"* Statt also Zeit mit der Suche nach Ausreden zu verschwenden, schauen Sie nach vorn, um nach einer Lösung zu suchen, die Ihrem Gegenüber weiterhilft.

In der Regel sind dann selbst die größten Kritiker ruhig gestellt. Es soll allerdings auch Zeitgenossen geben, die immer wieder auf denselben Sachen „herumreiten". Kritik ist ja angebracht, aber sie sollte im Rahmen bleiben. Machen Sie deutlich, wenn Sie das Wiederholen von Kritik für unangemessen halten: *„Sie haben mich mehrfach auf meinen Fehler hingewiesen. Ich denke, jetzt reicht es."* Wenn all das nicht hilft, dann zeigen Sie, dass Sie andere Seiten aufziehen können. Sicher ist auch der ewige Kritiker nicht perfekt und hat sich schon mal einen Patzer erlaubt, ohne dass Sie das an die große Glocke gehängt haben. Erinnern Sie ihn freundlich daran.

Unberechtigte Kritik

Zutreffende Kritik kann sehr nützlich sein. Sie ist sozusagen ein Feedback, das einem zeigt, dass man sich selbst oder eine bestimmte Verhaltensweise ändern sollte. All das lässt sich von unberechtigter Kritik nicht sagen. Sie dient dem Angreifer häufig nur dazu, Sie aus der Reserve zu locken, zu provozieren oder der eigenen schlechten Laune auszuleben. Wie Sie damit umgehen können, habe ich schon bei den Schlagfertigkeitstechniken besprochen (siehe Seite 48–78). Deshalb hier nur noch in aller Kürze ein paar Hinweise:

- Weisen Sie unzutreffende Kritik freundlich, aber bestimmt zurück.
- Werden Sie zu Unrecht für etwas beschuldigt, was jemand anderes getan hat, dann schieben Sie niemandem die Schuld zu – auch wenn Sie wissen, wer es war. Es zeugt von gutem Stil, wenn Sie stattdessen deutlich sagen: „Ich kann nachvollziehen, dass Sie sauer sind. Ich bin allerdings für den Schaden nicht verantwortlich."
- Wenn man Sie kränken oder verletzen möchte, dann ziehen Sie eine klare Grenze. Zeigen Sie, dass Sie so nicht mit sich umgehen lassen.
- Wird Ihr Gegenüber ausfallend, weisen Sie darauf hin, dass Sie nicht bereit sind, sich das länger anzuhören.
- Verlassen Sie notfalls den Raum, wenn der oder die andere gar nicht mehr „runterkommt".

Oft wirft man Frauen vor, dass sie schwerer mit Kritik umgehen können als Männer. Vielleicht liegt es eher an dem Stil, in dem sie kritisiert werden. Was die Arbeitswelt angeht, sind es in der Regel Vorgesetzte, die sich das Recht herausnehmen, Untergebene zu kritisieren. Da diese Vorgesetzten meist Männer sind, treffen auch hier wieder zwei Sprechstile aufeinander. Männer äußern Kritik anders als Frauen.

Frauen wählen, wenn sie kritisieren, eher indirekte Formulierungen wie *„Wäre es künftig möglich, dass Sie ..."*, *„Könntest du vielleicht ..."* oder

„Besser wäre es, wenn Sie ..." Sie sind darauf bedacht, die Beziehung zu Ihrem Gegenüber nicht zu gefährden und seine Gefühle nicht zu verletzen. Frau weiß nämlich, wie weh es tun kann, wenn einem massiv Vorwürfe gemacht werden.

Männer hingegen äußern Kritik offener. Was nicht klappt oder nicht in Ordnung ist, wird bemängelt. Männer machen sich weniger Gedanken um die Gefühle des oder der anderen, weil es für sie einzig um die Sache geht: *„Ändern Sie das ..."*, *„Das hast du schlecht gemacht!"*, *„Ihre Leistungen sind mangelhaft."*

Eine solche Form der Kritik wird von Frauen als sehr verletzend empfunden. Die Wut und der Ärger darüber, dass man so mit ihnen redet, verdeckt nicht selten den Inhalt des Gesagten. Die Kritisierte ist deshalb oft nicht bereit, darüber nachzudenken, ob an dem Vorwurf etwas dran ist, weil sie sich zutiefst gekränkt oder beleidigt fühlt. Stattdessen kommt es eher zu Trotzreaktionen: *„Wie geht dieser Mann eigentlich mit mir um? Merkt er gar nicht, wie er sich aufführt?"*

Umgekehrt kommt Kritik aus Frauenmund bei Männern oft nicht an. Sie merken gar nicht, dass man ihnen etwas vorwirft. Weil Frauen wissen, dass Kritik für den anderen mit unangenehmen Gefühlen verbunden ist, versuchen sie, alles so freundlich wie möglich zu verpacken. Männer können damit oft nicht umgehen, weil sie nicht verstehen, was man von ihnen will. Sie müssen es ganz deutlich „aufs Butterbrot geschmiert" bekommen.

Bevor Sie kritisieren, sollten Sie daher überlegen: Sprechen Sie mit Männlein oder Weiblein? Welcher Stil ist angebracht, damit das, was Sie zu sagen haben, beim anderen auch ankommt. Darüber hinaus sollten Sie beim Äußern von Kritik grundsätzlich Folgendes bedenken:

- Überlegen Sie sich genau, wann Sie die Kritik äußern. Der Anstand gebietet es, einen Menschen nicht im Beisein Dritter zu kritisieren. Überlegen Sie also, wann und wo Sie ungestört mit der Person reden können.
- Drücken Sie Kritik so konkret wie möglich aus, das heißt, die Person muss genau wissen, was Ihnen nicht gefällt und warum. Verlieren Sie sich nicht in schwammigen Ausdrücken wie *„Sie sind nicht kreativ"* oder *„Sie sind unorganisiert"*. Solche Unterstellungen sind beleidigend

und verallgemeinernd, sieht es doch so aus, als ob der oder die Angesprochene nie kreativ und nie organisiert ist. Bringen Sie auf den Punkt, wann Ihrer Ansicht nach Ihr Gegenüber nicht kreativ oder unorganisiert war. Beispiel: *„Sie haben bei der Projektbesprechung keinen Vorschlag gemacht. Ich erwarte von Ihnen Ideen.", oder: „Jetzt ist es bereits zum dritten Mal vorgekommen, dass Sie in der Besprechung die falschen Unterlagen dabeihatten."*

- Machen Sie dem oder der Kritisierten klar, was es für Sie bedeutet, wenn keine neuen Ideen kommen, wenn Papiere nicht vorliegen, Termine nicht eingehalten werden oder die Kundschaft nicht freundlich bedient wird. Geben Sie ihm oder ihr die Möglichkeit, nachzuvollziehen, weshalb Sie verärgert sind. *„Ich bin verärgert, weil sich der Abschluss des Projekts damit noch weiter nach hinten verlagert. Unser Etat ist aber so gut wie erschöpft. Wir geraten so sehr unter Zeitdruck."* Damit machen Sie deutlich, dass Sie nicht aus einer Laune heraus etwas bemängeln, weil Sie vielleicht schlecht geschlafen haben, sondern dass Ihre Argumente Hand und Fuß haben.
- Verdeutlichen Sie, was Sie künftig erwarten. Auch in diesem Fall sollten Sie es so konkret wie möglich machen, also nicht: *„Werden Sie kreativer!", oder: „Seien Sie künftig besser organisiert."* Sinnvoller ist es, genaue Zielvorstellungen anzugeben: *„Ich möchte, dass Sie bei der nächsten Besprechung mindestens zwei Vorschläge machen.", oder: „Ich erwarte, dass Sie für die nächste Sitzung sehr gut vorbereitet sind und alle entscheidenden Papiere dabei haben."*
- Unterstreichen Sie, wie wichtig Ihnen eine konstruktive Zusammenarbeit ist.

Sie sehen: Richtig zu kritisieren ist gar nicht so leicht. Ihr Ziel sollte es sein, Mängel aufzuzeigen, ohne das Gegenüber zu kränken oder zu beleidigen. Bedenken Sie auch, dass der Umgang mit Kritik – also Kritik einzustecken und auszuteilen – oft von unserer Stimmungslage abhängt. Wenn ich sowieso schon schlecht drauf bin und dann noch Kritik höre, ist das oft sehr schwer zu verkraften. Geht's mir gut, dann stecke ich ein mahnendes Wort leichter weg. Aufseiten des oder der Kritisierenden sieht es ähnlich aus. Geht es mir nicht gut, rege ich mich über einen

Fehler viel stärker auf, als es vielleicht angebracht wäre. Fühl ich mich richtig prima, kann ich auch mal leichter über etwas hinwegsehen bzw. Kritik gelassener äußern. Ideal wäre es selbstverständlich, solchen Stimmungen nicht zu unterliegen. Aber all das ist menschlich. Das bedeutet für Sie, wenn Sie kritisiert werden, es nicht persönlich zu nehmen, nicht sofort beleidigt zu sein. Sicher gibt es Grenzen, nämlich dort, wo Ihre Würde verletzt wird. Aber denken Sie daran, dass auch Vorgesetzte mal einen schlechten Tag haben können.

Üben Sie selber Kritik, versuchen Sie, möglichst fair zu bleiben und sich nicht allzu sehr von Stimmungen leiten zu lassen. Bleiben Sie sachlich, oder verschieben Sie das Gespräch auf einen anderen Tag, an dem Sie besser drauf sind. Haben Sie sich im Ton vergriffen, sollten Sie sich umgehend entschuldigen. Dies bedeutet nicht, dass Sie das Gesagte inhaltlich zurücknehmen, sondern zeigt lediglich Ihre Einsicht, Kritik auf angemessene Art und Weise ausdrücken zu wollen.

Hier finden Sie noch einmal zusammengefasst die wichtigsten Punkte zum Umgang mit Kritik.

CHECKLISTE

- Stehen Sie zu Ihren Fehlern.
- Versuchen Sie nicht, sich zu rechtfertigen, wenn Sie wirklich etwas falsch gemacht haben.
- Bieten Sie Lösungsvorschläge an.
- Wehren Sie sich, wenn man auf einem Fehler ewig „herumreitet".
- Weisen Sie unzutreffende Kritik zurück.
- Nehmen Sie Beleidigungen nicht hin.
- Bedenken Sie beim Kritisieren, welcher Sprechstil angebracht ist, um verstanden zu werden.
- Der richtige Zeitpunkt ist wichtig, wenn Sie Kritik äußern wollen.
- Drücken Sie Ihre Kritik möglichst konkret und nachvollziehbar aus.
- Begründen Sie, weshalb Sie verärgert sind.
- Sagen Sie, was Sie künftig erwarten.

Karriereschritt 7: Unterstützung suchen

Nach einem Vortrag zum Thema Karrierestrategien für Frauen kam eine Zuhörerin zu mir, die darüber berichtete, dass ihr kürzlich ein „Licht aufgegangen" sei, wie wichtig Kontakte für das berufliche Vorankommen sind: „Mein Mann hat mir das ganz anschaulich demonstriert", erzählte sie. „Wir haben in letzter Zeit zu Hause sehr oft Gäste. Alles Freunde, die mein Mann einlädt. Ich habe mich schon gewundert über den plötzlich so gewachsenen Freundeskreis. Als wir darüber sprachen, stellte sich heraus, dass es sich gar nicht um wirkliche Freunde handelt. Es sind nur Geschäftspartner. Meinem Mann ist es wichtig, diese Beziehungen zu pflegen. Er sagt, dass diese Kontakte bedeutsam für seine Karriere sind. Ich war verblüfft, dass er das so zielstrebig macht."

In dem Sprichwort „Entscheidend ist nicht, was du kannst, sondern wen du kennst" steckt ein gutes Stück Wahrheit, wenn es um Karrierechancen geht. Männer nutzen und pflegen ihre Kontakte viel besser und effizienter als Frauen. Unzählige Geschäftsabschlüsse und Besetzungen von Stellen kommen zustande, weil man sich vielleicht noch vom Studium her kennt, weil man im gleichen Verein Badminton spielt oder demselben Stammtisch angehört. Die entscheidenden Vorteile solcher Seilschaften:

- Man gibt sich gegenseitig Tipps.
- Man verschafft sich gegenseitig Aufträge.
- Man hilft sich gegenseitig beim Aufstieg.

„Old Boys' Network"

Anfang der 70er-Jahre beschäftigten sich Feministinnen mit den Ursachen beruflichen Erfolgs. Dabei stießen Sie auf ein Phänomen, das typisch war für erfolgreiche Männer. Sie alle nutzten das so genannte „Old Boys' Network": Männer in Spitzenpositionen waren sich einig, dass es wichtig ist, sehr viel Zeit und Energie in die Pflege von Beziehungen zu stecken, und ließen so Netzwerke entstehen, in denen man sich gegenseitig hilft sowie Ratschläge und Aufträge gibt und erhält.

Sich gegenseitig zu unterstützen, ist eine Vorgehensweise, die Frauen übernehmen können. Noch immer tun sich die meisten jedoch schwer damit. Sie halten diese Art, Karriere zu machen für unehrlich und moralisch verwerflich. Sie glauben an die scheinbaren (offiziellen) Regeln des beruflichen Aufstiegs, nach dem Motto: Wenn ich nur fleißig bin, mich stark engagiere und Kompetenz zeige, wird es schon klappen. Doch das ist etwas zu naiv gedacht, denn darauf allein kommt es nicht an. Es existieren neben den offiziellen auch heimliche Spielregeln. Männern ist das oft viel eher klar als Frauen. Auch das ist wahrscheinlich eine Folge unterschiedlicher Erziehung: Während Jungen Anerkennung ernten, wenn sie sich selbstständig verhalten, sich auch mal trauen, stur zu bleiben und den eigenen Kopf durchzusetzen, werden Mädchen gelobt, wenn sie brav und folgsam sind. Frauen müssen lernen, dass es nicht immer nur darum geht, das zu tun, was gemäß der offiziellen Spielregeln von ihnen erwartet wird. Gestatten Sie sich selbst mehr Freiheit und greifen Sie zu anderen Mitteln, um Ihre Karriere voranzutreiben.

Sie sagen, das lehnen Sie ab, weil sie Seilschaften, Kungeleien nicht mögen und es im Beruf doch um Leistung und Kompetenz gehen sollte? Richtig, es sollte. Aber das Leben ist eben nicht immer so, wie es sein sollte. Lapidar könnte man sagen: That's business. Es stellt sich die Frage, wie wichtig es Ihnen ist, Karriere zu machen. Warum sollten Sie nicht die Hilfsmöglichkeiten annehmen, die auch Frauen mittlerweile zur Verfügung stehen? Und wenn wir ganz ehrlich sind: Vielleicht steckt hinter der Empörung ja auch ein ganz klein wenig Neid, dass wir das nicht so hinkriegen wie die Männer.

Netzwerke für Frauen

Also, warum tun Sie es den Männern nicht gleich? Schließlich gibt es in Deutschland mittlerweile über 300 Netzwerke für Frauen, die Berufsverbände nicht mitgerechnet. Anders als die Netzwerke der Männer, die in der Regel „natürlich" gewachsen sind, mussten Frauen solche Kontaktbörsen erst „künstlich" schaffen.

Kommunikation, Kontakte, Know-how – das sind die Schlagworte, auf die das 1984 in Brüssel von fünf Managerinnen gegründete EWMD

(European Women's Management Development International Network) setzt. Sein Ziel ist es, für Erfahrungsaustausch und Informationsfluss unter Managerinnen zu sorgen. Denn auch hier ist man sich einig: Vitamin B (Beziehungen) können den Zugang zu attraktiven Posten sehr erleichtern. Auf nationaler und internationaler Ebene unterstützt EWMD gezielt Frauen.

Das Netzwerk erreichen Sie unter folgender Adresse:
- EWMD Deutschland e.V.
  Anklamer Straße 38
  10115 Berlin
  Tel.: 0 30 / 7 82 50 75
  Fax: 0 30 / 7 82 50 76

„Wir sind die erste Generation von Frauen, die sich im Beruf außerordentliches Know-how erarbeitet hat. Das wollen wir an jüngere Kolleginnen weitergeben", erklärt Carola Held vom Expertinnen-Beratungsnetz Hamburg.[37] Das Netzwerk sieht sich als Anlaufstelle in Sachen Berufsplanung – angefangen beim Schritt in die Selbstständigkeit bis hin zur Rückkehr nach der Babypause. Es wurde 1989 als Modellprojekt der Universität Hamburg gegründet, um Frauen bei der Planung ihres beruflichen Weiterkommens zu unterstützen. 40 Expertinnen, die langjährige Praxis in gehobenen Positionen haben, beraten Existenzgründerinnen, Unternehmerinnen und Angestellte. Die Adresse:

- Expertinnen Beratungsnetz Hamburg
  Prof. Dr. A. C. Wagner
  Brucknerstraße 1
  22083 Hamburg
  Tel.: 0 40 / 29 10 26
  Fax: 0 40 / 29 24 89

Weitere Netzwerke:

● FIT – Frauen in der Technik e.V. Dieser Verein arbeitet bundesweit als Koordinationsstelle für Frauennetzwerke mit den Schwerpunkten Naturwissenschaft und Technik.

FIT – Frauen in der Technik e.V.
Geschäftsstelle:
Schlossgartenstraße 45
64289 Darmstadt
Tel. und Fax: 0 61 51 / 71 33 00

● FIM – Vereinigung für Frauen im Management richtet sich an Selbstständige und Managerinnen.

FIM – Vereinigung für Frauen im Management e.V.
Geschäftsstelle:
Osterbekstraße 90a
22083 Hamburg
Tel.: 0 40 / 27 83 93 66
Fax: 0 40 / 2 79 00 77

● FAM – Frauenakademie München e.V. wurde 1984 gegründet, versteht sich als feministisch orientiertes regionales Akademikerinnen-Netz und beschäftigt sich mit Frauenforschung und Frauenqualifizierung. FAM bietet unter anderem Workshops, Tagungen und Vorträge an.

FAM – Frauenakademie München e.V.
Geschäftsstelle:
Auenstraße 31
80469 München
Tel.: 0 89 / 7 21 18 81
Fax: 0 89 / 7 21 38 30

● Den Deutschen Akademikerinnenbund gibt es bereits seit 1926. Er betreibt nicht nur Nachwuchsförderung und bietet Tagungen und Seminare an, sondern sieht es als seine Aufgabe, Lobbyarbeit zu leisten und zum Beispiel Stellung zu Gesetzesentwürfen zu nehmen.

DAB – Der Deutsche Akademikerinnenbund
Friedhofstraße 41
74074 Heilbronn
Tel.: 0 71 31 / 17 85 40
Fax: 0 71 31 / 16 69 85

● Connecta wendet sich an Frauen mit Führungsverantwortung aus allen Berufen und Branchen und legt den Schwerpunkt auf Erfahrungsaustausch, gegenseitige Unterstützung und Förderung.

Connecta
c/o Adda Grimm
Auf dem Haftert 22f
47239 Duisburg
Telefon und Fax: 0 21 51 / 49 65 49

Hilfe durch den Mentor oder die Mentorin

Viele dieser Netzwerke bieten klassisches Mentoring an, das heißt Frauen, die „es geschafft" haben, unterstützen junge Frauen, die erst am Anfang ihrer Karriere stehen. Karriereförderlich wäre es, wenn man eine solche Mentorin oder einen Mentor direkt im Unternehmen hätte. Diese Art der persönlichen Förderung kann äußerst wirkungsvoll sein. Doch auch hier sind geschlechtsspezifische Unterschiede festzustellen, was die Nutzung dieses Karrierebeschleunigers angeht.

Männer machen sich diese Kontakte – genau wie ihre Netzwerke – viel gezielter zunutze als Frauen. Männer suchen sich oft schon intuitiv einen Mentor, der sie fördert, ihnen die eigenen Erfahrungen weitergibt, ihnen Tricks verrät und sie vor Rückschlägen bewahrt. Frauen tun sich mit einer solchen Suche nach dem Förderer schwer, weil:

- sie das oft als Vetternwirtschaft abtun. Ihnen ist es lieber, auf „ehrliche Art" nach oben zu kommen. Dabei übersehen sie, dass sie sich häufig überschlagen können vor Engagement, Arbeitswille und Qualifikationen und trotzdem nicht weiterkommen, weil sie eben nicht über die entscheidenden Kontakte verfügen wie die (männliche) Konkurrenz.
- sich solche Form der Förderung meist in Männerkreisen abspielt.
- sie befürchten, ein Mann könnte das Bitten um Unterstützung falsch verstehen. Frauen möchten sich vor solchen doppeldeutigen Situationen schützen.
- sie nur wenige Frauen zur Auswahl haben, da es noch zu selten weibliche Führungskräfte gibt, die dann auch als Mentorinnen fungieren könnten.

Allen Schwierigkeiten zum Trotz: Schauen Sie sich in Ihrem Unternehmen intensiv um, ob Sie eine Mentorin oder einen Mentor finden. Gibt es keine Frau in Führungsposition bzw. keine geeignete Mentorin, finden Sie vielleicht einen Mann, der als Förderer infrage kommt. Prüfen Sie: Wer verfügt über Schlüsselinformationen bezüglich bestimmter Aufgaben, mit denen Sie sich beschäftigen bzw. die Sie erlernen möchten? Wer weiß etwas über neue Arbeitsstellen, Veränderungen im Betrieb, zum Beispiel Neuorganisationen? Gibt es in Ihrem Unternehmen vielleicht den Topmanager, der am Ende seines Berufslebens steht und der möglicherweise beweisen möchte, dass er fortschrittlich ist? Eine Frau zu fördern würde ihm da gut ins Konzept passen. Möglicherweise gibt es ja auch wirklich fortschrittliche Manager, die privat mit einer beruflich erfolgreichen Frau zusammen sind und wissen, wie schwer es ist, sich gegen die männliche Konkurrenz durchzusetzen.

Wenn Sie einen Mentor oder eine Mentorin ins Auge gefasst haben, dann verdeutlichen Sie sich, was Sie von ihm oder ihr lernen möchten und wobei Sie Hilfe erwarten könnten. Bemühen Sie sich, Ihre Beziehung zu einer oder mehreren dieser Personen zu verstärken. Machen Sie diese Menschen auf sich aufmerksam, stellen Sie ihnen Fragen, kommen sie mit ihnen ins Gespräch. Unterstreichen Sie ihnen gegenüber zum Beispiel Ihr Interesse an einem bestimmten Arbeitsbereich oder einer besonderen Aufgabe.

Was tun, wenn Sie trotz all der Bemühungen nicht fündig geworden sind? Oder die Führungsherren in Ihrem Unternehmen sich bei der Förderung von Frauen vornehm zurückhalten? Spätestens dann sollten Sie sich ernsthaft überlegen, ob es für Sie nicht doch sinnvoll wäre, sich einem Netzwerk anzuschließen.

War bei den oben genannten Adressen keine für Sie passende dabei, kommen Sie zum Beispiel über das Internet an weitere Netzwerke. Unter der Adresse **http://www.woman.de** finden Sie zahlreiche Frauennetzwerke in Deutschland.

Folgende Liste fasst noch einmal die wichtigsten Punkte zum Thema Kontakte zusammen.

CHECKLISTE

- **Sie beschleunigen Ihre Karriere, wenn Sie alte Kontakte nutzen und neue aufbauen.**
- **Tun Sie es den Männern gleich, und schließen Sie sich einem Netzwerk an.**
- **Suchen Sie sich darüber hinaus in Ihrem Unternehmen eine/n Mentor/in.**
- **Prüfen Sie: Wer hat eine für Sie interessante Position inne, verfügt über Schlüsselqualifikationen und möchte sich als Förderer/in eventuell profilieren?**
- **Bereiten Sie die Kontaktaufnahme zum möglichen Mentor bzw. der Mentorin intensiv vor.**
- **Falls Sie in Ihrem Unternehmen nicht fündig werden, erkundigen Sie sich bei Netzwerken nach Möglichkeiten der persönlichen Förderung.**

Karriereschritt 8: Neues wagen

Yvonne, 39, ist schon lange unzufrieden mit ihrer beruflichen Situation. Sie arbeitet in der Anzeigenabteilung einer Zeitung und macht ihren Job gut. Trotzdem fühlt sie sich nicht wohl. „Ich werde nicht richtig gefordert. Ich habe so viele neue Ideen, ich habe sogar Konzepte für Marketingkampagnen entwickelt. Doch mein Chef will davon nichts wissen", klagt sie. „Eigene Ideen kann ich nicht einbringen. Mein Chef sagt immer: ‚Sie müssen hier nicht das

Rad neu erfinden. Es reicht, wenn Sie Ihre Aufgaben so machen, wie wir es von Ihnen erwarten."" Trotz Ihrer Unzufriedenheit will sich Yvonne nicht nach einer neuen Stelle umsehen, obwohl sie sicher gute Aussichten hätte, denn sie wirkt sehr sympathisch, ist voller Tatendrang und kann hervorragende Zeugnisse vorweisen. „Ein anderes Unternehmen – nein. Das möchte ich nicht. Ich weiß doch gar nicht, wie ich da mit den Kolleginnen und Kollegen zurechtkomme. Hier habe ich mich so gut eingearbeitet, ich kenne alles wie meine Westentasche. Bei einer anderen Zeitung wäre alles neu."

Kommt Ihnen diese Haltung bekannt vor? Erkennen Sie sich selber wieder oder eine Freundin? Viele Frauen verhalten sich ähnlich. Da leiden sie jahrzehntelang unter ihrer Arbeit, ihrem Chef, der Tatsache, dass man ihnen keine Aufstiegschancen gibt, sie sehen keinen Ausweg aus ihrer Situation, und eine Möglichkeit, in ihrem Unternehmen glücklich zu werden, gibt es nicht. Trotzdem halten sie aus, bleiben da, denken nicht an Kündigung. Sie sind nicht bereit, sich nach etwas Neuem umzusehen, und wollen nicht wahrhaben, dass sie selbst für ihre Lage verantwortlich sind und nur sie selbst sich daraus befreien können.

Die Angst vor Veränderung ist groß. Das gilt bei vielen Frauen nicht nur für den Beruf, sondern auch für das Privatleben. Obwohl sie seit ewigen Zeiten unter ihrem Partner leiden, ändern sie nichts an der Situation. Statt sich zu trennen oder scheiden zu lassen bzw. dem Partner ein Ultimatum zu setzen, nerven sie unaufhörlich ihre Freundinnen und Bekannten mit ihrem Dauerunglück. Alle Vorschläge, die aus der Situation herausführen, ignorieren sie hartnäckig.

Typisch für viele Frauen ist auch, dass sie extrem lange zögern, ob sie einem Angebot zustimmen sollen oder nicht, wenn ihnen eine verantwortungsvolle Aufgabe oder eine neue Position angeboten wird. Statt sich zu freuen und stolz die Chance zu ergreifen, erbitten sie oft überdurchschnittlich lange Bedenkzeiten oder wollen Garantien. Nicht selten sagen einige nach langem Hin und Her ab, auch aus der Angst heraus, zu versagen und sich zu blamieren. Vorgesetzte müssen schon wirklich sehr beharrlich sein, wenn sie diese Frau noch einmal fragen oder ihr sogar noch zureden. Schließlich gibt es in der Regel bei gut dotierten Positionen genügend Interessierte (Männer).

Partner und Kinder

Die Gründe, aus denen Frauen absagen, sind verschieden. Es ist nicht nur die bereits erwähnte Versagensangst, auch der Gedanke an den Partner bzw. die Familie zu Hause spielt eine Rolle. „Wie wird mein Mann damit fertig, dass ich mehr als er verdiene, dass ich eine bessere Position habe, dass ich jetzt mehr arbeite, nicht mehr so für ihn da sein kann?" Wenn Kinder im Spiel sind, ist auch dies für Frauen ein Hinderungsgrund. Schließlich wissen wir, wie schon berichtet, dass Hausarbeit und Kindererziehung noch immer Frauensache sind. Und da sind Frauen oft ganz realistisch: Wenn der Partner bzw. die Familie nicht mitzieht, wird es mit der Karriere schwerlich klappen. Hinzu kommt die Angst vor dem Erfolg und die Befürchtung, aus der Geborgenheit des bisherigen Kollegenkreises herausgerissen zu werden.

All das sind berechtigte Ängste. Aber allzu oft werden solche Gründe auch nur vorgeschoben, um gar nicht erst in die Verlegenheit zu kommen, sich ernsthaft Gedanken machen zu müssen. Also, überlegen Sie: Wie würde Ihr Partner reagieren, wie sehr sind Sie in der Familie unersetzlich? Oder haben Sie es bislang womöglich mit der Fürsorge übertrieben?

Neue Kontakte suchen

Wenn Sie eine Führungsposition oder eine neues Aufgabengebiet übernehmen, ist es in der Tat wahrscheinlich, dass Sie den Kollegenkreis verlassen müssen. Aber wenn es wirklich Freunde sind, dann wird der Kontakt weiterhin bestehen, wenn auch vielleicht nur in der Freizeit. Warum sollten Sie nicht nette neue Kolleginnen und Kollegen finden? Gerade wenn Sie Angst vor der Einsamkeit an der Spitze haben, ist es sinnvoll, Kontakt mit einem Netzwerk (siehe Seite 166–169) oder einem Frauenstammtisch aufzunehmen. Sprechen Sie mit Frauen in ähnlichen Situationen. Sie erhalten wertvolle Tipps und werden nicht mehr das Gefühl haben, ganz allein mit einer neuen Situation zurechtkommen zu müssen. Empfehlenswert sind Netzwerke beim Umzug in eine andere Stadt oder ein anderes Land. Knüpfen Sie rechtzeitig den Kontakt, dann werden Sie von Anfang an Gesprächspartnerinnen und -partner haben.

Es ist selbstverständlich, dass Veränderungen einem erst einmal Angst machen. Die Furcht, Neues anzupacken, ist bei manchen Menschen extrem stark ausgeprägt. Vielleicht wurde ihnen in der Kindheit beigebracht, dass es äußerst gefährlich ist, etwas zu erkunden oder auszuprobieren. Immer wurde sofort vor den Gefahren gewarnt: *„Spiel nicht auf der Straße!", „Geh nicht zu weit weg!", „Sprich nicht mit Fremden!"* Eltern oder Lehrer führten immer direkt vor Augen, was alles passieren kann. Solche Warnungen waren sicher sinnvoll, haben aber auch dazu geführt, die Angst vor neuen Dingen zu schüren. Insbesondere dann, wenn man als Kind übertrieben oft mit Warnungen wie diesen konfrontiert wurde.

Garantien gibt es nicht

Machen Sie sich immer wieder klar: Unsicherheit gehört dazu, wenn Sie sich verändern und Neues ausprobieren wollen. Kein Mensch kann Ihnen Garantien geben, dass ein Neubeginn auch wirklich klappen und alles besser werden wird. Insofern sind Veränderungen immer mit einem Risiko verbunden. Aber überlegen Sie einmal: Es wird nicht das erste Mal sein, dass Sie sich auf etwas Neues einlassen. Erinnern Sie sich, wie es war, als sie in die andere Stadt gezogen sind, die Uni gewechselt und eine neue Aufgabe übernommen haben? Sicher, am Anfang gab es viele Fragen und Ungeklärtheiten. Aber wie war es wenige Monate oder ein Jahr später? Manchmal geht es schneller als man denkt, sich an eine neue Situation zu gewöhnen. Und man ist froh, diese Wahl getroffen zu haben. Natürlich gibt es auch Entscheidungen, die man bereut. Aber wie beim Umgang mit Fehlern (siehe Seite 157 ff.) verhält es sich auch hier: Man lernt daraus. Zudem können Sie sich immer wieder klarmachen, wenn Sie sich für den Sprung ins kalte Wasser entschieden haben, dass Sie ein mutiger Mensch sind. Sie haben trotz der möglichen Risiken nicht gekniffen. So gesehen ist ein Neuanfang – ob er gelingt oder nicht – gut für das Selbstwertgefühl, das großen Einfluss auf unser gesamtes (Berufs-)Leben hat.

Befreien Sie sich von diesen Ängsten. Nehmen Sie eine vorgeschlagene Beförderung oder eine neue Aufgabe an. Sonst begeben Sie sich auf eine Talfahrt: Jedes Mal, wenn Sie eine Herausforderung ablehnen, berauben Sie sich der Möglichkeit, etwas dazuzulernen und sich weiterzu-entwickeln. Wenn Sie aber weder lernen, noch innerlich wachsen, werden Ihnen künftig weniger Möglichkeiten angeboten. Aus Angst, nicht gut genug zu sein, werden Sie irgendwann tatsächlich nicht mehr gut genug sein. Es ist wie bei einer Self-fulfilling-prophecy, einer sich selbst bewahrheitenden Prophezeiung. Durchbrechen Sie diesen Kreislauf!

Ein neuer Weg ist immer auch eine neue Chance. Unsicherheit gehört zum Leben. Wer Erfolg haben will, kann nicht immer auf Nummer Sicher gehen. No risk – no fun.

In folgender Checkliste finden Sie die wichtigsten Punkte in Sachen „Neues wagen" noch einmal zusammengefasst.

CHECKLISTE

- **Bedenken Sie, dass Sie selbst für Ihre Situation verantwortlich sind.**
- **Haben Sie Vertrauen in die eigenen Fähigkeiten.**
- **Lehnen Sie neue Aufgaben nicht sofort ab.**
- **Seien Sie stolz darauf, dass man Ihnen neue Aufgaben anbietet.**
- **Prüfen Sie, ob Sie zu Hause wirklich so unersetzlich sind. Welche Arbeiten können Sie an Mann und Kinder delegieren?**
- **Bekämpfen Sie die Angst vor der „Einsamkeit an der Spitze", indem Sie neue Kontakte aufbauen.**
- **Jeder Neubeginn ist mit Unsicherheit verbunden. Erfolgsgarantien kann Ihnen niemand geben.**
- **Halten Sie es mit dem alten Sprichwort: „Wer nicht wagt, der nicht gewinnt."**

Schlussbemerkung

Wenn man sich vor Augen führt, was Frauen alles falsch machen, wie sie sich selbst beim Karrieremachen und auch sonst im Leben behindern, könnte man meinen, ihnen gelingt gar nichts. Dem ist natürlich nicht so, das wissen wir. Schließlich gibt es ausgeprägte so genannte weibliche Stärken, an denen sich die Herren der Schöpfung ruhig ein Beispiel nehmen könnten.

Frauen fällt es zum Beispiel meist leichter als Männern:
- mehrere Aufgaben gleichzeitig zu bewältigen.
- besser auf sehr unterschiedliche Menschen einzugehen.
- andere zu motivieren.
- sich in die Situation anderer hineinzuversetzen.
- anderen zuzuhören.
- die Meinung anderer zu tolerieren.
- sich auf Veränderungen schneller einzustellen.

Die Stärken der Frauen sollen in diesem Buch nicht unterschlagen werden und doch war es mein vorrangiges Ziel, Ihnen zu mehr Durchsetzungsvermögen in allen Bereichen Ihres Lebens zu verhelfen. Dazu ist es nötig, sich auf die Felder zu konzentrieren, auf denen es noch nicht so gut „läuft". Wenn Frauen ihre schon vorhandenen Stärken nutzen und sie zusätzlich an ihren Schwächen arbeiten – wer soll sie da noch aufhalten?

Probieren Sie die Tipps aus, die Ihnen zusagen. Hier gilt wie in so vielen Bereichen des Lebens: Übung macht die Meisterin. Sie werden sehen, mit der Zeit werden Sie schlagfertiger und wissen, wie Sie sich im Beruf, in der Öffentlichkeit und im Privatleben besser durchsetzen und ihre Souveränität schützen können.

Aber hüten Sie sich auch hier vor Perfektionismus. Gehen Sie nicht zu hart mit sich ins Gericht, wenn nicht alles so klappt, wie Sie es sich vorstellen. Sie wissen ja: Fehler sind die Stufen zum Erfolg, denn aus ihnen lernen wir am meisten.

Wenn Ihnen also mal keine passende Antwort einfällt, Sie keine Lust haben, Werbung in eigener Sache zu machen, oder doch noch einmal leichtfertig „Ja" gesagt haben, obwohl sie „Nein" meinten, bedeutet das nicht Ihren Untergang. Schließlich sind Sie auch nur ein Mensch, der mal besser und mal schlechter drauf ist. Legen Sie die Messlatte nicht zu hoch. Wichtig ist, dass Sie erkennen, was Sie künftig besser machen können, um Ihr großes Ziel zu erreichen. Denken Sie dabei immer an Beppo, den Straßenkehrer. Stückchen für Stückchen geht es voran, dann schaffen Sie auch den langen Weg. Sie müssen sich nur immer auf den nächsten Schritt konzentrieren.

Ich wünsche Ihnen dabei viel Erfolg!

Wenn Sie sich für Seminare und Vorträge zu den Themen
- Schlagfertigkeitsstrategie
- Karrierestrategien für Frauen
- Zeit- und Selbstmanagement
- Moderation und Präsentation
- Bewerbungstraining
interessieren, können Sie sich an folgende Adresse wenden:

Meike Müller
Kurfürstenstraße 24/25
10785 Berlin
Tel. und Fax: 0 30 / 26 55 00 68

Anmerkungen

[1] Jürgen Mittelstraß: Humboldt-Welt – Einführende Bemerkungen über Sprache und Welt. In: Mittelstraß, Jürgen (Hrsg.): Wohin geht die Sprache. Wirklichkeit, Kommunikation, Kompetenz. Essen, 1989, S. 41

[2] Vgl. Trude Ausfelder: Mobbing. Schikane am Arbeitsplatz. München, 1995, S. 45 f.

[3] Trude Ausfelder, a.a.O., S. 47

[4] Ingrid Dzalakowski: Gender Working. Männer und Frauen im Team. Wiesbaden, 1995, S. 16

[5] Ingrid Dzalakowski, a.a.O.

[6] Vgl. Senta Trömel-Plötz (Hrsg.): Gewalt durch Sprache. Die Vergewaltigung von Frauen in Gesprächen. Frankfurt/M., 1990, S. 16 ff.

[7] Deborah Tannen: Du kannst mich einfach nicht verstehen. Hamburg, 1990, S. 265

[8] Vgl. Senta Trömel-Plötz: Frauensprache in unserer Welt der Männer. In: Konstanzer Universitätsreden, hrsg. von Gerhard Hess, Konstanz, 1979, S. 58 ff.

[9] Vgl. Pamela M. Fishman: Macht und Ohnmacht in Paargesprächen. In: Senta Trömel-Plötz: Gewalt durch Sprache, a.a.O., S. 135

[10] Vgl. Deborah Tannen, a.a.O., S. 206 ff.

[11] Ute Erhardt: Gute Mädchen kommen in den Himmel, böse überall hin. Warum Bravsein uns nicht weiterbringt. Frankfurt/M., 1994, S. 135

[12] Beate Henes-Karnahl: Keine Karriere ohne Konkurrenz. In: „Die Welt", 22.05.1998, Seite BR 1

[13] Vgl. Ingrid Dzalakowski, a.a.O., S. 135.

[14] Vgl. Walter Staples: Personal Coaching in Action. Durch die Macht der Überzeugung zum Erfolg. Paderborn, 1998, S. 203 f.

[15] Werner Mathes: Bei Anruf Terror. In: „Stern", Nr. 47, 12.11.1998, S. 36

[16] Vgl. Jochen Paulus: Andauerndes Stöhnen. In: „Psychologie Heute", November 1999, S. 10

[17] Werner Mathes, a.a.O.

[18] Vgl. NN: Zwölf Jahre Haft wegen Mordes durch Schockanruf. In: „Der Tagesspiegel", 16.12.1999, S. 44

[19] Vgl. Ingeborg Weber: Crashkurs Liebe. Niedernhausen, 1991/92, S. 33

[20] Vgl. Friedemann Schulz von Thun: Miteinander Reden 1 und 2. Reinbek bei Hamburg, 1991

21 Friedemann von Schulz von Thun: Miteinander reden 1, a.a.O., S. 26

22 Ebenda, S. 28

23 Vgl. Paul Watzlawick, Janet H. Beavin, Don. D. Jackson: Menschliche Kommunikation. Formen, Störungen, Paradoxien. Bern/Stuttgart/Wien, 1972, S. 53

24 Vera F. Birkenbihl: Kommunikationstraining. Zwischenmenschliche Beziehungen erfolgreich gestalten. Landsberg am Lech, 1998, S. 14

25 Vgl. John Gray: Männer sind anders. Frauen auch. München, 1993, S. 80 ff.

26 Vgl. John Gray, a.a.O., S. 90 ff.

27 Elizabeth Fincke: „So gesehen." In: Bremerhavener Sonntagsjournal der „Nordsee-Zeitung", 22.08.1999, S. 3

28 Vgl. John Gray, a.a.O., S. 98 ff.

29 Vgl. Dagmar Sobull: Führen Frauen anders? In: „Die Welt", 22.08.1998, S. BR 1

30 Michael Ende: Momo. Stuttgart, 1973, S. 37 ff.

31 Vgl. Walter Staples: Personal Coaching in Action. Durch die Macht der Überzeugung zum Erfolg. Paderborn, 1998, S. 101 f.

32 Vgl. Friedemann Schulz von Thun, a.a.O., S. 105

33 Fritz Reusch: Der Kleine Hey. Die Kunst des Sprechens. Nach dem Urtext von Julius Hey, Mainz, 1971, S. 45

34 Marianne Wex: „Weibliche" und „männliche" Körpersprache als Folge patriarchalischer Machtverhältnisse. Frankfurt, 1980, S. 6

35 Marianne Wex, a.a.O.

36 Ebenda

37 Focus Online. Job & Karriere „Expertinnen beraten Newcomerinnen" 1999, S. 1

Literatur

- Trude Ausfelder: Mobbing. Schikane am Arbeitsplatz. München, 1995
- Vera F. Birkenbihl: Kommunikationstraining. Zwischenmenschliche Beziehungen erfolgreich gestalten. Landsberg am Lech, 1998
- Bremerhavener Sonntagsjournal der „Nordsee-Zeitung", 22.08.1999
- „Der Spiegel", 47, 1999
- „Der Tagesspiegel", 16.12.1999
- „Die Welt", 22.05.1998
- „Die Welt", 22.08.1998
- Ingrid Dzalakowski: Gender Working. Männer und Frauen im Team. Wiesbaden, 1995
- Michael Ende: Momo. Stuttgart, 1973
- Ute Erhardt: Gute Mädchen kommen in den Himmel, böse überall hin. Warum Bravsein uns nicht weiterbringt. Frankfurt/M., 1994
- Focus Online. Job & Karriere, 1999
- John Gray: Männer sind anders. Frauen auch. München, 1993
- Jürgen Mittelstraß: Humboldt-Welt – Einführende Bemerkungen über Sprache und Welt. In: Mittelstraß, Jürgen (Hrsg.): Wohin geht die Sprache. Wirklichkeit, Kommunikation, Kompetenz. Essen, 1989
- „Psychologie Heute", November 1999
- Fritz Reusch: Der Kleine Hey. Die Kunst des Sprechens. Nach dem Urtext von Julius Hey. Mainz, 1971
- Friedemann Schulz von Thun: Miteinander Reden 1 und 2, Reinbek bei Hamburg, 1991
- Walter Staples: Personal Coaching in Action. Durch die Macht der Überzeugung zum Erfolg. Paderborn, 1998
- „Stern", Nr. 47, 12.11.1998
- Deborah Tannen: Du kannst mich einfach nicht verstehen. Hamburg, 1990
- Senta Trömel-Plötz: Frauensprache in unserer Welt der Männer. In: Konstanzer Universitätsreden, hrsg. von Gerhard Hess, Konstanz, 1979
- Senta Trömel-Plötz (Hrsg.): Gewalt durch Sprache. Die Vergewaltigung von Frauen in Gesprächen. Frankfurt/M., 1990
- Paul Watzlawick, Janet H. Beavin, Don. D. Jackson: Menschliche Kommunikation. Formen, Störungen, Paradoxien. Bern/Stuttgart/Wien, 1972
- Ingeborg Weber: Crashkurs Liebe. Niedernhausen, 1991/92
- Marianne Wex: „Weibliche" und „männliche" Körpersprache als Folge patriarchalischer Machtverhältnisse. Frankfurt, 1980

Sachregister

Mehr Freude und Erfolg im Job

16558

16531

Erhältlich überall dort, wo es Bücher gibt.

Trainieren Sie Ihr Gehirn

13842

13908

16420

Erhältlich überall dort, wo es Bücher gibt.

Einander besser verstehen ...

DEBORAH TANNEN
Du kannst mich einfach nicht verstehen
Warum Männer und Frauen aneinander vorbeireden

16108

ELLA PATTERSON
Freche Frauen küssen besser
Tips und Tricks von der »besten Freundin« zu mehr Sex, Sinnlichkeit und Selbstbewußtsein

16177

Ulrike Ascher
Liebes-Einmaleins für freche Frauen
Magie für 1001 Nacht

16465

Scott Wetzler
Warum Männer mauern
Wie Sie Ihren passiv-aggressiven Mann besser verstehen und mit ihm glücklich werden

16474

Erhältlich überall dort, wo es Bücher gibt.

GOLDMANN

Das Gesamtverzeichnis aller lieferbaren Titel erhalten Sie
im Buchhandel oder direkt beim Verlag.
Nähere Informationen über unser Programm erhalten Sie auch im Internet unter:
www.goldmann-verlag.de

★

Taschenbuch-Bestseller zu Taschenbuchpreisen
– Monat für Monat interessante und fesselnde Titel –

★

Literatur deutschsprachiger und internationaler Autoren

★

Unterhaltung, Kriminalromane, Thriller
und Historische Romane

★

Aktuelle Sachbücher, Ratgeber, Handbücher und
Nachschlagewerke

★

Bücher zu Politik, Gesellschaft, Naturwissenschaft und Umwelt

★

Das Neueste aus den Bereichen
Esoterik, Persönliches Wachstum und Ganzheitliches Heilen

★

Klassiker mit Anmerkungen, Anthologien und Lesebücher

★

Kalender und Popbiographien

★

Die ganze Welt des Taschenbuchs

★

Goldmann Verlag • Neumarkter Str. 18 • 81673 München

Bitte senden Sie mir das neue kostenlose Gesamtverzeichnis

Name: _____

Straße: _____

PLZ / Ort: _____